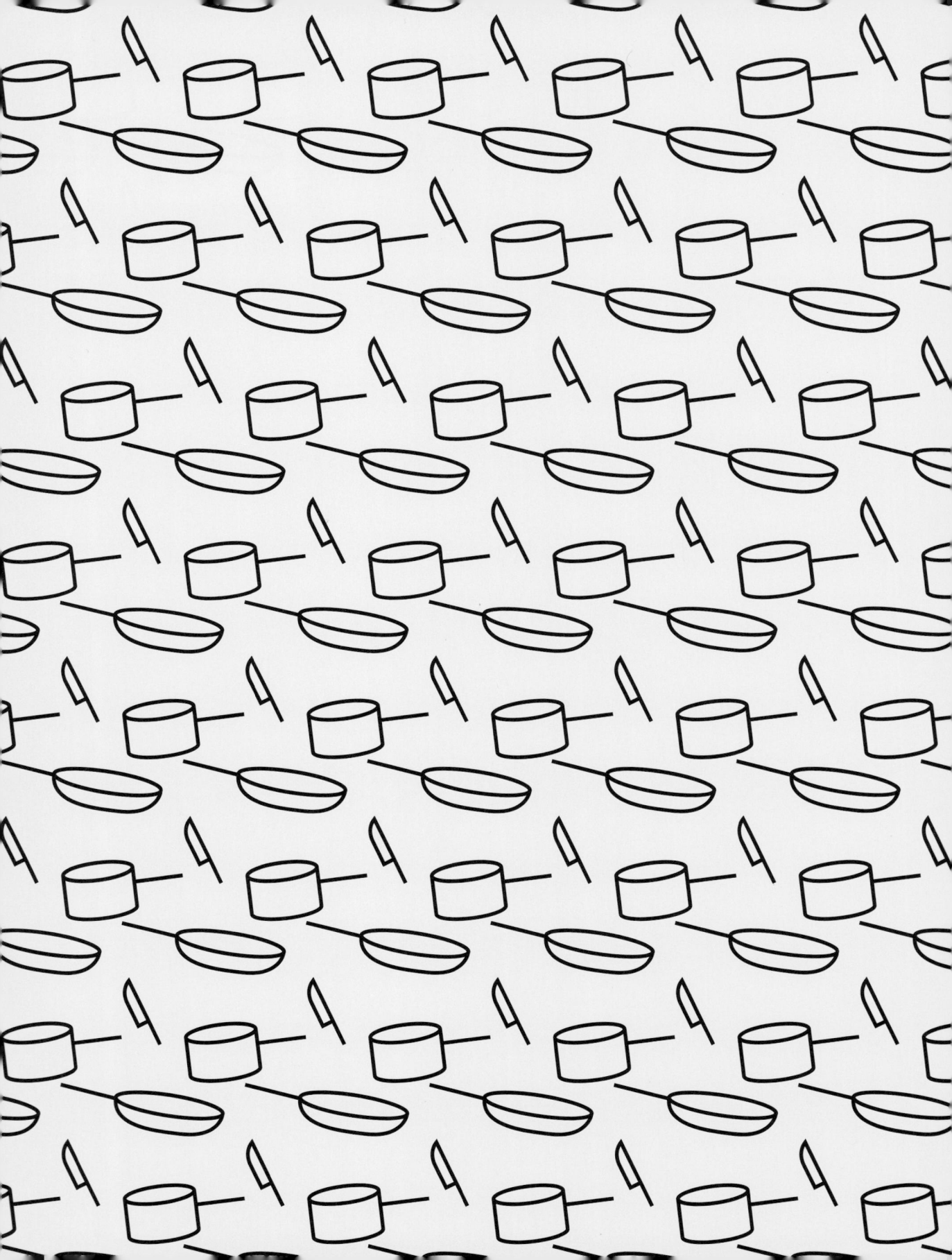

Bettina Matthaei

Mit Fotos von
Jan–Peter Westermann

1 Topf
1 Pfanne
1 Messer...

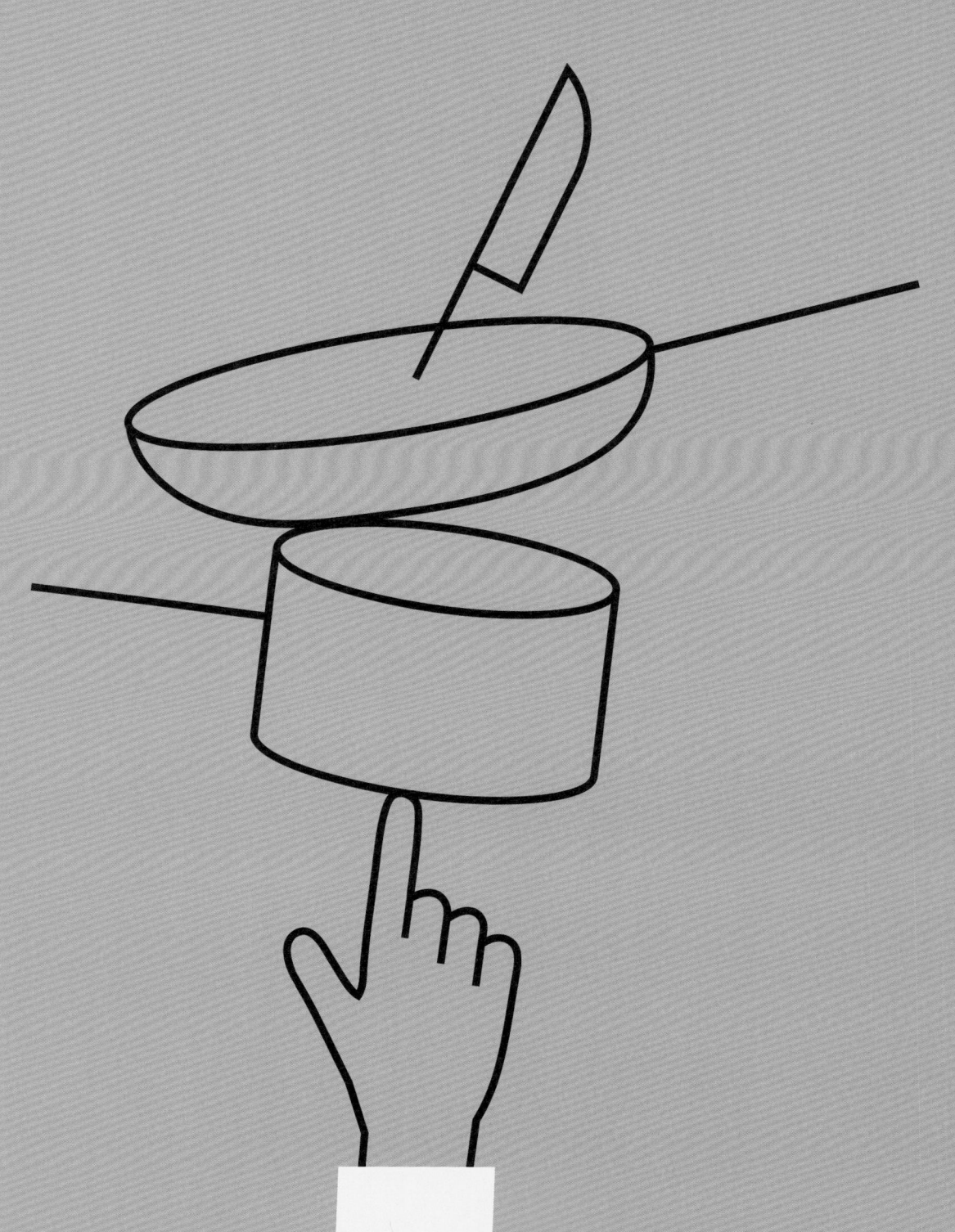

Inhalt

Die komplette Rezeptübersicht gibt es ab S. 148.

gut zu wissen

Dein Küchen-Werkzeugkasten

Auch mit einer ersten Einsteiger-Küchenausstattung kannst du großartig kochen! Alle unsere Rezepte sind **für 2 Personen** berechnet, und entsprechend groß sollten auch Töpfe, Pfannen und weiteres Equipment sein.

Hier kommen die wichtigsten Basic-Tools, mit denen du sofort loslegen kannst:

 **1 Topf mit 20 cm Durchmesser:**

Der reicht zunächst für Pasta und Suppen für 2 Personen. Später kannst du noch einen kleineren Topf mit 16 cm Durchmesser für Saucen oder zum Eierkochen dazukaufen. Und wenn du gern Freunde zum Essen einlädst, stockst du zusätzlich einen Topf mit 24 cm Durchmesser auf.

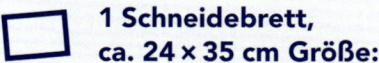 **1 Schneidebrett, ca. 24 × 35 cm Größe:**

Holzbretter sollten unter fließendem warmem Wasser gründlich von Hand geschrubbt und dann abgespült werden. Immer vollständig trocknen lassen und gelegentlich mit etwas Speiseöl einreiben. Für Zwiebeln und Knoblauch empfiehlt sich zusätzlich ein kleines Kunststoffbrett, das auch spülmaschinengeeignet ist.

1 beschichtete Pfanne mit 28 cm Durchmesser:

Der Rand sollte etwas höher sein, etwa 5 bis 6 cm. Damit lassen sich alle unsere Pfannengerichte (ab S. 128) zubereiten. Wichtig: ein passender Deckel dazu! Nicht verkehrt, aber am Anfang nicht nötig, ist 1 kleine Pfanne mit 20 cm Durchmesser zum Rösten von Pinienkernen, Sesamsamen etc.

übrigens

Aus hygienischen Gründen sollten Fisch und Fleisch sowie Gemüse und Obst auf verschiedenen Brettern vorbereitet und geschnitten werden. Du besitzt nur ein Brett? Dann schneide erst Gemüse & Co. und zuletzt Fleisch oder Fisch.

1 Blitzhacker, Inhalt ½ bis 1 l:

Optimal zum Hacken, Zerkleinern und Pürieren kleiner Mengen ist ein sogenannter Blitzhacker, Multizerkleinerer oder Blender, bestehend aus einem Becher aus Kunststoff oder besser aus Glas mit einem herausnehmbaren Messereinsatz. Darauf wird ein Deckel mit integriertem Motorblock gesetzt. Bei anderen Modellen wird der Behälter auf den Motorblock gesetzt. Daneben gibt es Sets aus Stabmixer und Mixbecher mit Messer, wobei der Stabmixer für den Antrieb sorgt. Es lohnt sich, ein Gerät mit hoher Wattzahl zu kaufen (mindestens 300 Watt, besser mehr). Auch ein Einsatz mit 4 Messern statt nur 2 führt zu deutlich besseren Ergebnissen. Der Blitzhacker ist fast unerlässlich für die Hummus- und Pesto-Rezepte in diesem Buch.

 1 Stabmixer (Pürierstab):

Wichtig ist ein Stab aus Edelstahl. Kunststoff würde zu schnell verfärben (z.B. bei Kürbissuppe). Je mehr Watt der Stabmixer hat (600 oder mehr), desto feiner wird die Suppe! Um größere Mengen zu pürieren oder zu zerkleinern, ist ein Standmixer geeignet (z.B. auch für Smoothies).

 1 Kochmesser, 16 bis 20 cm:

Quasi ein Messer für alles. Na ja, nicht so ganz ... Ein kleines Schälmesser, ein Sparschäler und ein etwa 10 cm langes Küchenmesser für Zwiebeln oder Obst sind schon hilfreich.

 1 großes Sieb:

Zum Abgießen von Pasta oder Kartoffeln, am besten aus Metall. Braucht man aber auch zum Waschen von Salat. Diesen dann gut abtropfen lassen und eventuell noch trocken tupfen.

 1 Reibe:

In den Rezepten wird oft abgeriebene Schale von Zitrusfrüchten verwendet. Dafür eignen sich sogenannte Zestenreiben, auf denen du aber auch Ingwer, Schokolade, Muskatnuss oder Parmesan reiben kannst.

 1 Hobel:

Natürlich kann man Gurken oder Möhren auch mit dem Messer zerkleinern. Schneller und gleichmäßiger geht es aber mit einem Hobel. Perfekt sind V-Hobel mit verstellbaren Einsätzen.

5

Die Must-haves für den Vorrat

Nahezu alle Zutaten zu den Rezepten sind im gut sortierten Supermarkt und auch bei vielen Discountern zu bekommen.

Frische Lebensmittel wie Fleisch, Fisch und Gemüse sollten natürlich so rasch wie möglich verarbeitet werden. Wenn du aber spontan kochen willst, legst du dir am besten einen kleinen Vorrat an haltbaren Lieblingslebensmitteln an, damit du bei nächtlichen Hungerattacken nicht erst den Lieferservice anrufen musst.

Nahezu ewig haltbar sind:

trockene Zutaten wie Couscous, Bulgur, Reis und Pasta.

Konservendosen mit Bohnen, Kichererbsen, Kokosmilch, Maiskörnern, Linsen und Tomaten.

Nüsse, Trockenfrüchte, Mandelmus und Tahin (Sesampaste).

Olivenöl und Rapsöl (ungeöffnet). Essig und Sojasauce. Honig und Ahornsirup. Gewürze und Salz. Panko oder Semmelbrösel.

Tomatenmark, Gemüsebrühe (Pulver, Paste oder flüssiges Konzentrat).

Säfte wie Apfelsaft, Orangensaft. (Achtung: Angebrochene Flaschen sind nur wenige Tage haltbar.)

Im Kühlschrank 2 bis 3 Wochen oder länger haltbar sind:

Butter, Crème fraîche, Frischkäse, Joghurt, Milch, Sahne, Parmesan, Gouda oder Cheddar. Dabei aber immer das Haltbarkeitsdatum im Auge behalten.

Bacon und Schinken. Eier. Mayonnaise, Senf und Meerrettich aus der Tube, Sambal Oelek oder Chilisauce (wenn geöffnet).

übrigens

Bei vielen Rezepten steht ein Tipp „für Küchenhelden", das können besondere Zutaten, andere Gewürze oder ein paar Nüsse sein.

**Im Gemüsefach im Kühlschrank etwa
1 Woche haltbar sind:**

reife Avocados, Frühlingszwiebeln, Gurke,
Ingwer, Mango, Möhren, Paprika, Zucchini.
Kräuter wie Petersilie und Dill (waschen,
trocken schütteln und im Plastikbeutel
aufbewahren).

**Im Gemüsekorb sind ungekühlt 2 bis
3 Wochen oder länger haltbar:**

Kartoffeln und Zwiebeln (Knoblauch
kommt am besten auch ins Gemüsefach
im Kühlschrank.)

Vom Balkon oder von der Fensterbank:

Kräutertöpfe mit Rosmarin, Thymian
und Basilikum.

**Kleine Extras, mit denen man Eindruck
machen kann:**

Dazu kommen noch Zutaten, die vor
allem in den zusätzlichen Optionen
vorkommen. Die Rezepte sind auch ohne
sie schon richtig lecker, aber mit diesen
Extras – wie z.B. den unterschiedlichen
Toppings – machen die Gerichte einfach
noch mehr her.

Also: Beim Einkaufszettel-Schreiben auch
mal schauen, womit sich ein Rezept noch
variieren lässt.

Fertigteige:

Flammkuchenteig oder Tortilla-Fladen sind
superpraktisch für die schnelle Küche.
Flammkuchenteig gibt es im Kühlregal.
Er ist gekühlt mehrere Tage bzw. Wochen
haltbar. Tortilla-Fladen gibt es in verschiedenen Größen in der Brot-SB-Theke.
Für die Wrap-Rezepte in diesem Buch
(ab S. 64) werden eher große Fladen
verwendet, mit einem Durchmesser von
24 cm und einem Gewicht von ca. 65 g,
da sie sich leichter rollen lassen. Wenn du
schon etwas Fingerfertigkeit entwickelt
hast, kannst du auch entsprechend mehrere kleinere Fladen nehmen.

Es gibt Fladen aus Weizenmehl, Maismehl
oder einer Mischung aus beiden Mehlsor-
ten, meist zu 6 bis 8 Stück abgepackt und
ungeöffnet mehrere Wochen haltbar.

Wird eine Packung nicht komplett
verbraucht, solltest du sie mit Klebeband
sorgfältig verschließen, weil die Fladen
sonst sehr schnell austrocknen.

Spice up your Food

Gewürze sind das Tüpfelchen auf dem i. Die Geheimzutat, die ein Gericht verzaubert. Das kleine „Löffelchen voll", das ein Gericht ganz besonders macht.

Rein mengenmäßig machen Gewürze den geringsten Anteil an einer Mahlzeit aus, sind aber geschmacklich dafür entscheidend, ob ein Gericht raffiniert, umwerfend oder leider überwürzt ist.

Wenn du im Umgang mit Gewürzen noch unerfahren bist, solltest du behutsam an das Würzen herangehen, mit kleineren Mengen beginnen und dich langsam herantasten.

Jedes Gewürz besteht aus zahllosen Aromen, manche sind flüchtig und vertragen keine Hitze, andere sind äußerst stabil.

Bei einer Gewürzmischung wie einem Curry sind entsprechend noch viel mehr Aromen enthalten. Um nun in den Genuss möglichst aller Aromen zu kommen, gibt es einen simplen Trick: Würze einfach zweimal. Zu Beginn des Kochens, am besten wenn du z.B. Zwiebeln angedünstet hast und schon etwas im Topf ist. Dann können die zugegebenen Gewürze nicht so leicht verbrennen und damit bitter werden. Um das zu vermeiden, die Gewürze nur kurz unterrühren und dann mit Brühe ablöschen.

Die stabilen Aromen haben jetzt die Chance, sich wunderbar zu entwickeln, während die flüchtigen Stoffe schon das Weite suchen. Damit du aber auch in deren Genuss kommst, wird gegen Ende des Kochens, beim Abschmecken, ein zweites Mal gewürzt. Nun kannst du die ganze Aromenvielfalt genießen.

Gewürze mögen es, wenn sie trocken und lichtgeschützt bei mäßiger Zimmertemperatur gelagert werden. Das Gewürzregal über dem Herd ist die schlechteste Option. Am besten sollten Gewürze im Schrank neben Honig oder anderen verschlossenen Gläsern und Konserven aufgehoben werden.

übrigens

Niemals ein Gewürz aus dem Streuer in einen heißen Topf geben: Der Wasserdampf kann in den Streuer gelangen. Das Gewürz wird feucht und ist schnell verdorben. Lieber einen Löffel benutzen.

Deine erste Gewürzausstattung

Du hast so gar keine Ahnung von Gewürzen? Dann leg dir erst mal eine Basisausstattung zu:

- ganze **schwarze Pfefferkörner**, die in eine Mühle gefüllt und immer frisch gemahlen werden. Am besten ist Pfeffer aus Indien oder Vietnam.

- ganze **grüne Pfefferkörner**, auch für die Mühle. Grüner Pfeffer ist frischer und weniger scharf als schwarzer.

- ein mildes **Currypulver**.

- **Cayennepfeffer** und **Chiliflocken** zum Nachschärfen.

- **Salz** hat natürlich jeder im Haus. Wer eine Salzmühle besitzt, sollte dafür trockenes Steinsalz, z.B. Himalayasalz, verwenden. Zarte Salzflocken oder Fleur de Sel sind perfekt zum finalen Würzen von Steaks oder Brot.

Im nächsten Schritt kannst du dein Sortiment erweitern mit:

- **Cumin** (Kreuzkümmel) passt zu indischen, orientalischen und mexikanischen Rezepten und macht Hülsenfrüchte besser bekömmlich.

- **Kardamom** zählt wie Zimt und Nelken zu den Weihnachtsgewürzen. Gibt es als Kapseln oder Pulver zu kaufen, ist aber, weil die Kapseln von Hand gepflückt werden, nicht ganz billig.

- **Kurkuma**, das gesündeste Gewürz der Welt, sorgt dazu für eine tolle Farbe.

- ganzen **Muskatnüssen** (immer zum Schluss frisch darüberreiben) für Kartoffelsuppen und Kohlgemüse.

- **Paprikapulver:** Delikatess-Paprika- oder edelsüßes Paprikapulver.

- **Ceylon-Zimt**, nicht nur für Süßes. Passt auch toll zu Tomatensaucen.

- **Bourbon-Vanille** (gemahlen oder als Schote, dann das Mark herauskratzen) und **Tonkabohne** für Desserts.

- einer orientalischen Gewürzmischung wie **Baharat** oder **Ras el-Hanout**. Sie bestehen aus verschiedenen Kräutern und Gewürzen und eignen sich für Couscous sowie für Fisch- und Fleischgerichte.

Cremesuppen

schmecken gut mit ...

Cremesuppen — mix it, baby!

1. In der Regel werden klein gewürfelte **Zwiebeln** in **Öl** glasig angedünstet. Dann das etwas größer gewürfelte **Gemüse** (z. B. Kürbis, Möhren, Süßkartoffeln, Rote Bete, Sellerie) dazugeben und unter Rühren 2 bis 3 Minuten andünsten. Mit **Gemüsebrühe** oder einem Mix aus Gemüsebrühe und Orangen- oder Apfelsaft aufgießen, sodass das Gemüse knapp bedeckt ist. Aufkochen und zugedeckt bei schwacher Hitze je nach Gemüsesorte 15 bis 30 Minuten köcheln lassen.

2. Anschließend mit dem Stabmixer fein pürieren. Jetzt ist es eher ein Püree. **Je nach Rezept Milch**, **Sahne** oder **Kokosmilch** dazugeben oder **Frischkäse** unterrühren. Noch mal durchmixen und so viel Gemüsebrühe hinzufügen, bis die gewünschte Konsistenz erreicht ist. Abschmecken und mit einem Topping abrunden.

Bei einer **Kartoffelsuppe** wird die Brühe bereits nach dem Andünsten der Zwiebeln (und ggf. etwas klein geschnittenen Suppengrüns) dazugegeben und aufgekocht. Die geschälten und gleichmäßig klein geschnittenen Kartoffeln erst jetzt hinzufügen, etwa 20 Minuten köcheln lassen und dann pürieren.

1.

2.

übrigens

Eine **Gazpacho** ist noch viel simpler: Einfach alle vorbereiteten Zutaten mit dem Stabmixer fein pürieren. Abschmecken und kühl stellen. Fertig!

Rote–Bete–Gazpacho mit Orangensaft

300 ml Orangensaft
200 g vorgegarte Rote Bete
(vakuumiert)
1 rote Chilischote
1 Frühlingszwiebel
Salz
Pfeffer aus der Mühle
2–3 TL Aceto balsamico
1 EL mildes Olivenöl

für 2 Portionen
10 Minuten
+ 2–3 Stunden kühlen

Den **Orangensaft** in den Mixer geben. Die **Rote Bete** in grobe Stücke schneiden und dazugeben. Die **Chilischote** längs halbieren, entkernen, waschen und hacken. Das Weiße der **Frühlingszwiebel** putzen, waschen und in Ringe schneiden. Den Rest anderweitig verwenden.

Chili und Zwiebel mit in den Mixer geben und auf höchster Stufe fein pürieren.

Mit **Salz**, **Pfeffer** und zunächst 2 TL **Essig** abschmecken, evtl. mehr Essig hinzufügen. Das **Olivenöl** dazugeben, nochmals kurz durchmixen.

Vor dem Servieren möglichst 2 bis 3 Stunden in den Kühlschrank stellen. Nach Belieben mit einigen Tropfen Öl beträufeln.

Süßkartoffelsuppe
mit Limettensaft und Kokosmilch

2 dünne Frühlingszwiebeln
15 g frischer Ingwer
300 g Süßkartoffeln (möglichst orangefarben)
2 EL Rapsöl
2 TL brauner Zucker
450 ml Gemüsebrühe
200 ml Kokosmilch
Salz
Pfeffer aus der Mühle
1 EL Limettensaft
1 TL abgeriebene Bio-Limetten-schale
1–2 TL Currypulver

 für 2 Portionen
4⊙ Minuten

Die **Frühlingszwiebeln** putzen und wa-schen, das Weiße klein hacken, das Grüne in feine Ringe schneiden und beiseite-legen. Den **Ingwer** schälen und in sehr feine Würfel schneiden. Die **Süßkartof-feln** schälen, waschen und in etwa 2 cm große Würfel schneiden.

Das Zwiebelweiß im **Öl** 1 Minute andüns-ten, den Ingwer dazugeben und 1 Minute mitdünsten. Die Süßkartoffeln hinzu-fügen, mit dem **Zucker** bestreuen und unter Rühren 2 bis 3 Minuten weiter-dünsten, bis der Zucker leicht karamelli-siert. Die **Brühe** erhitzen, das Gemüse damit ablöschen, aufkochen und zuge-deckt bei mittlerer Hitze etwa 20 Minuten weich kochen.

Die Suppe mit dem Stabmixer fein pürie-ren, die **Kokosmilch** dazugeben und erhitzen, aber nicht mehr kochen lassen. Mit **Salz**, **Pfeffer**, **Limettensaft** und **-schale** und **Curry** abschmecken. Mit den Frühlingszwiebelringen bestreuen.

13

Kartoffel-Lauch-Suppe mit Cheddar und Kresse

200 g mehligkochende Kartoffeln
1 Stange Lauch, davon das Weiße
(ca. **100 g**)
20 g Butter
300 ml Gemüsebrühe, evtl. etwas
mehr
75 g Cheddar (ersatzweise mittelalter Gouda)
½ kleines Beet Daikonkresse
(ersatzweise Gartenkresse)
125 ml Milch
50 g Crème fraîche
Salz
grüner Pfeffer aus der Mühle
frisch geriebene Muskatnuss
Cayennepfeffer
½ TL abgeriebene Bio-Zitronenschale
1–2 Spritzer Zitronensaft

 für 2 Portionen
35 Minuten

Die **Kartoffeln** schälen, waschen und in gleichmäßig große Stücke schneiden. Den **Lauch** gründlich waschen, in Ringe schneiden und in der **Butter** 2 bis 3 Minuten andünsten. Die **Brühe** angießen und aufkochen, die Kartoffeln dazugeben und zugedeckt etwa 20 Minuten gar kochen.

Inzwischen den **Käse** reiben. Die **Kresse** vom Beet schneiden, waschen und trocken tupfen.

Die Suppe unter Zugabe der **Milch** mit dem Stabmixer fein pürieren und, falls nötig, noch einen Schuss Brühe hinzufügen. Nach und nach den Käse einrühren. Falls nötig, etwas mehr Brühe dazugeben. Anschließend die **Crème fraîche** unterrühren, mit **Salz**, **Pfeffer**, **Muskatnuss**, **Cayennepfeffer**, **Zitronenschale** und **-saft** würzen.

Suppe in zwei vorgewärmte Schalen füllen und mit der Kresse bestreuen.

für Küchenhelden

3 Scheiben Bacon in einer Pfanne ohne Fett bei mittlerer Hitze etwa 10 Minuten kross braten. Auf Küchenpapier abtropfen und abkühlen lassen. Den Bacon zerbröseln und über die Suppe streuen.

Möhren–Apfel–Suppe
mit Ingwer

1 **kleine** Zwiebel (ca. **50 g**)
1 Knoblauchzehe
15 g Ingwer
300 g Möhren
1 mehligkochende Kartoffel
(ca. **75 g**)
20 g Butter
½ **EL** Rohrzucker
200 ml Apfelsaft
200 ml Gemüsebrühe, evtl. etwas
mehr
50 g Doppelrahm-Frischkäse
Salz
Pfeffer aus der Mühle
Cayennepfeffer
2 EL griechischer Joghurt
Chiliflocken

für 2 Portionen
40 Minuten

Zwiebel, **Knoblauch** und **Ingwer** schälen und in feine Würfel schneiden. **Möhren** und **Kartoffel** schälen, ggf. waschen und in etwa 2 cm kleine Würfel schneiden.

Die Zwiebel in der **Butter** glasig andünsten, Knoblauch und Ingwer dazugeben und kurz mitdünsten. Möhren und Kartoffel hinzufügen, mit dem **Zucker** bestreuen und 2 bis 3 Minuten unter Rühren karamellisieren. **Apfelsaft** und **Brühe** angießen, aufkochen und zugedeckt etwa 20 Minuten weich kochen.

Die Suppe mit dem Stabmixer fein pürieren, den **Frischkäse** unterrühren. So viel Brühe dazugeben, bis die gewünschte Konsistenz erreicht ist. Die Suppe mit **Salz**, **Pfeffer** und **Cayennepfeffer** pikant abschmecken.

Den **Joghurt** mit 1 Prise Salz glatt rühren, als Klecks auf die Suppe setzen und mit der Gabel spiralförmig einrühren. Mit **Chiliflocken** bestreuen.

Scharfe Tomatensuppe mit saurer Sahne

100 g Zwiebeln
2 EL Olivenöl
2 EL Tomatenmark
300 ml Gemüsebrühe
1 Dose stückige Tomaten (400 g)
Salz
1 TL brauner Zucker
½ TL Chiliflocken
¼ TL Cayennepfeffer
1 TL dunkles Kakaopulver
3–4 Stiele glatte Petersilie
½ Becher saure Sahne (100 g)

 für 2 Portionen
30 Minuten

Die **Zwiebeln** schälen, fein hacken und im **Olivenöl** glasig dünsten. Das **Tomatenmark** dazugeben und unter Rühren anrösten, bis es duftet. Mit der **Brühe** ablöschen und auf die Hälfte einkochen lassen.

Die **Tomaten** hinzufügen. **Salz, Zucker, Chili, Cayennepfeffer** und **Kakaopulver** unterrühren. Zugedeckt 10 Minuten köcheln lassen.

Die **Petersilie** waschen, trocken schütteln, die Blätter abzupfen und hacken. Die **saure Sahne** glatt rühren.

Die Tomatensuppe mit dem Stabmixer pürieren, anschließend nach Belieben durch ein Sieb streichen. Nochmal abschmecken.

Die Tomatensuppe auf Teller verteilen, auf jede Portion etwas saure Sahne geben und spiralförmig verrühren. Mit der Petersilie bestreuen.

für Küchenhelden

Fein dazu: knusprige **Zimt-Croûtons** als Topping. Dafür 2 Scheiben Toastbrot entrinden und würfeln. 20 g Butter zerlassen, die Toastwürfel dazugeben und unter gelegentlichem Rühren goldbraun braten. Mit Salz, 1 bis 2 Msp. Zimt und etwas Cayennepfeffer würzen und auf Küchenpapier abtropfen lassen. Heiß auf die Suppe streuen.

Indische Linsensuppe mit Ingwer und Kokosmilch

50 g rote Zwiebel
1–2 Knoblauchzehen
10–15 g Ingwer
200 g Tomaten oder
½ Dose Pizzatomaten
70 g rote Linsen
2 getrocknete Aprikosen
(ersatzweise **1 EL** Aprikosen-
marmelade)
1½ EL Erdnuss- oder Rapsöl
2 TL Garam Masala (ersatzweise
Currypulver)
400 ml Gemüsebrühe,
evtl. etwas mehr
200 ml Kokosmilch
Salz
Pfeffer aus der Mühle
Cayennepfeffer

 für 2 Portionen
40 Minuten

Zwiebel, **Knoblauch** und **Ingwer** schälen und in feine Würfel schneiden. Die **Tomaten** waschen und grob hacken, die Stielansätze dabei entfernen. **Linsen** in ein Sieb geben und abbrausen. **Aprikosen** hacken.

Die Zwiebel im **Öl** glasig andünsten. Knoblauch und Ingwer dazugeben und 1 bis 2 Minuten mitdünsten. Tomaten und Linsen hinzufügen, unter Rühren 1 Minute andünsten, 1 TL **Garam Masala** darüberstreuen, dann die **Brühe** angießen. Die Aprikosen dazugeben. Aufkochen und zugedeckt 20 Minuten köcheln lassen.

Die Suppe unter Zugabe von drei Vierteln der **Kokosmilch** mit dem Stabmixer leicht stückig pürieren. Nach gewünschter Konsistenz etwas mehr Brühe dazugeben. Mit **Salz**, **Pfeffer**, **Cayennepfeffer** und Garam Masala pikant abschmecken.

In zwei Suppenschalen füllen. Die restliche Kokosmilch auf die Suppe träufeln.

 Dazu schmecken **Papadams**. Die Fladen aus Linsenmehl gibt es im Asia-Laden oder online. Zum Backen 3 bis 4 EL Erdnuss- oder Rapsöl in eine kleine Pfanne geben. Die Pfanne sollte nicht viel größer sein als die Fladen (ca. 15 cm Ø). Das Öl erhitzen. Die Fladen einzeln hineingeben und mit dem Pfannenwender nach unten drücken, bis sie komplett mit Öl bedeckt sind. So lange backen, bis sie vollständig aufgebläht sind, dabei ständig nach unten drücken. Einmal wenden. Auf Küchenpapier abtropfen lassen.

19

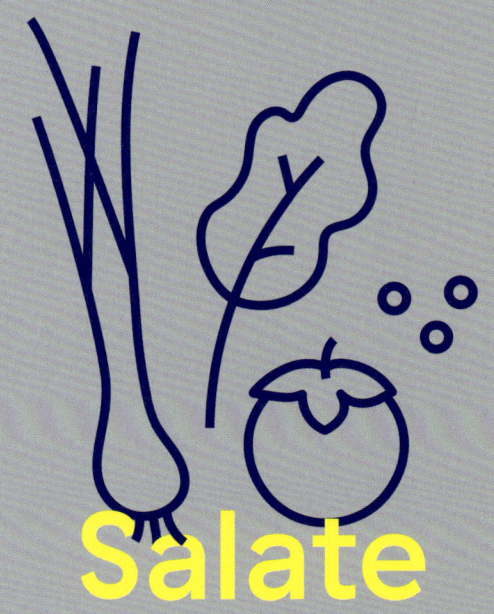

Salate

schmecken gut mit ...

Quinoasalat mit Feta, Melone und Chili–Honig–Dressing

80 g Quinoa (schwarz oder rot)
Salz
50 g Babyleaves (zarte Blattsalate
wie Babyspinat, Rote-Bete- und
Mangoldblätter)
1 Stück Galia- oder Honigmelone
(ca. **200 g** Fruchtfleisch)
125 g Feta
1 EL Limettensaft
grüner Pfeffer aus der Mühle
20 g Akazienhonig
1–2 TL Sambal Oelek
2 EL Rapsöl oder mildes Olivenöl

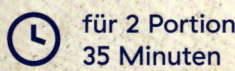

für 2 Portionen
35 Minuten

Die **Quinoa** in ein Sieb geben und
sehr gründlich heiß abbrausen. In
Salzwasser nach Packungsanweisung
etwa 25 Minuten garen. In ein Sieb
abgießen, abtropfen und ausdampfen
lassen.

Inzwischen die **Babyleaves** waschen,
trocken schleudern und auf zwei Teller
verteilen. Die **Melone** entkernen,
schälen, in Spalten schneiden und
dann quer in Stückchen schneiden.
Auf dem Salat verteilen. Den **Feta**
grob zerbröckeln und darüberstreuen.

Für das Dressing den **Limettensaft**
mit Salz und **Pfeffer** verrühren, dann
Honig und **Sambal Oelek** unterrühren und zum Schluss das **Öl** unterschlagen.

Die lauwarme Quinoa in kleinen
Häufchen auf dem Salat verteilen,
das Dressing darüberträufeln.

Salat aus Mini–Kartoffeln, Erbsen und Frühlingszwiebeln

400 g Mini-Kartoffeln (z.B. Drillinge)
Salz
1 EL Zitronensaft
Pfeffer aus der Mühle
1 TL Ahornsirup
1 TL Dijon-Senf
1 TL abgeriebene Bio-Zitronenschale
2 ½ EL mildes Olivenöl
125 g Erbsen (tiefgekühlt)
2 dünne Frühlingszwiebeln
2 Stiele glatte Petersilie
2 Stiele Minze

🕐 für 2 Portionen
30 Minuten

Die **Kartoffeln** gründlich unter fließendem kaltem Wasser abbürsten. In **Salzwasser** mit der Schale etwa 15 Minuten garen. Inzwischen für die Vinaigrette den **Zitronensaft** mit Salz, **Pfeffer**, **Ahornsirup**, **Senf** und **Zitronenschale** verrühren. Zum Schluss das **Öl** unterschlagen.

Die **Erbsen** mit kochend heißem Wasser übergießen, 3 bis 5 Minuten stehen lassen, dann abgießen. Die **Frühlingszwiebeln** putzen, waschen und in feine Ringe scheiden. Die **Kräuter** waschen, trocken schütteln und die Blätter grob hacken.

Die Kartoffeln abgießen, halbieren oder vierteln, noch heiß mit der Vinaigrette mischen. Lauwarm abkühlen lassen. Während des Abkühlens öfter wenden. Falls nötig, mit etwas mehr Salz und Pfeffer abschmecken.

Die Erbsen und Zwiebelringe unter die Kartoffeln heben, die Kräuter zum Teil untermischen, zum Teil darüberstreuen.

Orangensalat mit Zwiebeln und schwarzen Oliven

2 Orangen (à **200–250 g**)
100 g rote Zwiebeln
40 g schwarze Oliven (ohne Stein)
40 g grüne Pistazienkerne
2 EL Olivenöl
Pfeffer aus der Mühle
¼ TL Ceylon-Zimtpulver
3–4 Stiele Koriandergrün
Chiliflocken (nach Belieben)

für 2 Portionen
15 Minuten

Dazu passen der klassische Hummus (siehe Seite 32) und Fladenbrot.

Die **Orangen** so schälen, dass auch die weiße Haut mit entfernt wird. Die Orangen in 3 bis 4 mm dicke Scheiben schneiden und diese leicht überlappend auf zwei großen Tellern anrichten. Die Kerne dabei entfernen. Die **Zwiebeln** schälen, in hauchdünne Scheiben schneiden und über die Orangen streuen. Die **Oliven** nach Belieben grob hacken. Die **Pistazien** ebenfalls grob hacken. Beides auf den Orangen verteilen.

Das **Öl** darüberträufeln, kräftig **pfeffern** und mit dem **Zimt** bestäuben. Das **Koriandergrün** waschen und trocken schütteln, die Blättchen abzupfen und auf dem Salat verteilen. Wer mag, streut noch **Chiliflocken** darüber.

für Küchenhelden

Koriandergrün polarisiert: Man liebt es oder man hasst es. Manche behaupten sogar, es würde seifig schmecken. Wenn du es so gar nicht schätzt, nimm einfach glatte Petersilie.

Cocktailtomatensalat
mit Mini-Mozzarella und Croûtons

200 g gelbe Cocktailtomaten
(möglichst längliche)
200 g rote Cocktailtomaten
(möglichst längliche)
125 g Mini-Mozzarella
Salz
Pfeffer aus der Mühle
1 EL Aceto balsamico
1 TL Akazienhonig
1 TL Dijon-Senf
3 EL Olivenöl
2 Scheiben Vollkorntoast
1 Knoblauchzehe
2 Stiele Basilikum

 für 2 Portionen
20 Minuten

Die **Tomaten** waschen und trocken tupfen. In knapp 1 cm dicke Scheiben schneiden. Den **Mozzarella** abgießen und trocken tupfen, die kleinen Kugeln halbieren. Beides auf zwei Teller verteilen, mit **Salz** und **Pfeffer** würzen.

Für das Dressing den **Essig** mit Salz und Pfeffer verrühren, **Honig** und **Senf** einrühren und 2 EL **Olivenöl** unterschlagen. Das Dressing über die Tomaten und den Mozzarella träufeln.

Das **Toastbrot** entrinden. Die **Knoblauchzehe** schälen, halbieren und die Brote damit einreiben. Anschließend in kleine Würfel schneiden und im restlichen Olivenöl goldbraun braten.

Das **Basilikum** waschen und trocken schütteln, die Blättchen grob zerrupfen und mit den Croûtons über den Salat streuen.

für Küchenhelden

2 EL Kürbiskerne in einer Pfanne ohne Fett rösten, bis sie sich etwas aufblähen. Zum Schluss über den fertigen Salat streuen.

Avocado–Gurken–Salat mit Dill und Feta

200 g Mini-Gurken (ca. **6 Stück**)
4 Stiele Dill
1 mittelgroße reife Avocado
2 TL Limettensaft
100 g Feta
100 g griechischer Joghurt
1 TL Akazienhonig
Salz
grüner Pfeffer aus der Mühle

🕐 für 2 Portionen
15 Minuten

Die **Gurken** putzen, waschen und trocken reiben. Der Länge nach vierteln, dann quer in 1 cm große Stücke schneiden. Den **Dill** waschen und trocken schütteln, die Spitzen abzupfen und nicht zu fein hacken. Die **Avocado** halbieren und den Stein entfernen, das Fruchtfleisch aus der Schale lösen und ebenfalls in 1 cm große Würfel schneiden. Mit 1 TL **Limettensaft** beträufeln. Den **Feta** zerbröckeln.

Gurken, Avocado, Feta und die Hälfte des Dills locker mischen. Den **Joghurt** mit dem restlichen Limettensaft, **Honig**, wenig **Salz** (der Feta ist schon salzig) und **Pfeffer** verrühren und unter den Salat mischen. Den restlichen Dill darüberstreuen.

für Küchenhelden

Werden Kerne und Samen in einer Pfanne ohne Fett kurz angeröstet, entfalten sie ihr Aroma erst so richtig. Auf diesen Salat können noch 25 g geröstete, gehackte Pistazienkerne gestreut werden.

Grüner–Spargel–Salat mit Eiern und getrockneten Tomaten

4 **Eier**
Salz
1 TL Zucker
600 g grüner Spargel
2 TL Zitronensaft
1 TL Dijon-Senf
Pfeffer aus der Mühle
2 EL Olivenöl
3–4 Stiele glatte Petersilie
40 g getrocknete Tomaten
(in Öl eingelegt)

 für 2 Portionen
3⊙ Minuten
+ 3⊙ Minuten marinieren

Die **Eier** 10 Minuten hart kochen. Danach abschrecken und pellen.

In einem großen Topf Wasser mit **Salz** und **Zucker** zum Kochen bringen. Inzwischen vom **Spargel** nur das untere Drittel schälen, die holzigen Enden abschneiden und den Spargel waschen. Die Spargelstangen quer in Köpfe, mittlere Teile und untere, dickere Teile dritteln.

Zuerst die unteren Spargelstücke in das kochende Salzwasser geben und 3 Minuten garen. Dann die mittleren Stücke dazugeben und 2 Minuten weiterkochen. Zum Schluss die Köpfe dazugeben und weitere 2 bis 3 Minuten garen, bis der Spargel bissfest ist. In ein Sieb abgießen und eiskalt abschrecken.

Inzwischen den **Zitronensaft** mit dem **Senf** verrühren, mit Salz und **Pfeffer** würzen. Nach und nach das **Olivenöl** unterschlagen. Das Dressing über den Spargel gießen und 30 Minuten marinieren, dabei öfter wenden.

Inzwischen die **Petersilie** waschen und trocken schütteln, die Blätter abzupfen und hacken. Die **Tomaten** abtropfen lassen, mit Küchenpapier abtupfen und klein hacken.

Petersilie und Tomaten unter den Spargel mischen. Die Eier in Scheiben schneiden oder grob hacken, etwas salzen und pfeffern und auf dem Salat verteilen.

für Küchenhelden

Den Salat zusätzlich noch mit einigen Kapernäpfeln aus dem Glas garnieren. Dafür die Kapernäpfel vorher gut trocken tupfen.

Hummus

schmeckt gut aus ...

Klassischer Hummus — so wird er perfekt

1. **1 Dose Kichererbsen** (**250 g** Abtropf-gewicht) in ein Sieb abgießen, gründ-lich abbrausen und abtropfen lassen. 1 EL Kichererbsen beiseitelegen. **1 Knoblauchzehe** schälen und grob hacken.

2. **1 Bio-Zitrone** heiß waschen und trocken reiben. 1 TL Schale fein ab-reiben, 2 EL Saft auspressen.

3. Kichererbsen, Knoblauch, Zitronen-schale und -saft mit **1½ EL Olivenöl** und **30 g hellem Tahin** (Sesampaste) in einen Blitzhacker (siehe S. 5) geben und so fein wie möglich pürieren. Falls nötig, **1 bis 2 EL Wasser** hinzu-fügen. Den fertigen Hummus mit **½ bis 1 TL** gemahlenem **Cumin** (Kreuzkümmel), **Salz** und **schwarzem Pfeffer** aus der Mühle würzen.

Außerdem kannst du Hummus als Brotaufstrich verwenden oder zum Füllen von Tortilla-Wraps (siehe S. 65).

4. Den Hummus in eine Schale füllen, mit einem Löffelrücken kleine Mulden hineindrücken und ½ EL Olivenöl hineingeben. Mit etwas **Paprikapulver** und/oder **Cayennepfeffer** bestäuben. Mit den beiseitegelegten Kichererbsen dekorieren.

4.

Zum Dippen von Hummus eignen sich:

- **Gemüsesticks** (Möhren, Zucchini, Gurke, Stangensellerie)

- **Gemüse-** oder **Kartoffelchips**

- dünne geröstete **Baguettescheiben**

- dünnes arabisches **Fladenbrot**, das zum Löffel geformt wird

Bohnen–Hummus
mit Limette, Tomaten und Chili

100 g Tomaten
1 Knoblauchzehe
2 TL Limettensaft
1 TL Sambal Oelek, nach
Geschmack mehr
1 Dose schwarze Bohnen
(250 g Abtropfgewicht)
30 g Erdnussmus (cremig oder
crunchy)
2 TL Tomatenmark
Salz
Pfeffer aus der Mühle
1 TL abgeriebene Bio-Limettenschale
1 EL geröstete Erdnusskerne

für 2 Portionen
15 Minuten

Die **Tomaten** waschen, trocken tupfen
und grob hacken, dabei die Stielansätze
entfernen. Den **Knoblauch** schälen
und grob hacken. Tomaten, Knoblauch,
Limettensaft und **Sambal Oelek** kurz
durchmixen.

Die **Bohnen** in ein Sieb abgießen, waschen,
abtropfen lassen und mit **Erdnussmus**
und **Tomatenmark** zu den Tomaten geben.
So lange mixen, bis ein dicklich-cremiger
Hummus entsteht.

Den Hummus mit **Salz**, **Pfeffer** und
Limettenschale würzen, nach Geschmack
mehr Sambal Oelek unterrühren.

In eine Schale füllen. Die **Erdnusskerne**
hacken und darüberstreuen.

Möhren–Hummus mit Cashewkernen und Curry

40 g unbehandelte Cashewkerne
125 g Möhren
Salz
1 Knoblauchzehe
1 Dose weiße Bohnen
(250 g Abtropfgewicht)
2–3 TL Zitronensaft
1 TL abgeriebene Bio-Zitronenschale
Pfeffer aus der Mühle
1–2 TL Currypulver
Cayennepfeffer

 für 2 Portionen
35 Minuten
+ 2 Stunden einweichen

Die **Cashewkerne** mindestens 2 Stunden in Wasser einweichen. Die **Möhren** putzen, schälen, klein schneiden und knapp bedeckt mit **Salzwasser** etwa 25 Minuten weich kochen.

Inzwischen den **Knoblauch** schälen und grob hacken. Die **Bohnen** in ein Sieb abgießen, waschen und abtropfen lassen.

Die Möhren abgießen und etwas ausdampfen lassen. Die Cashewkerne abgießen und mit den Möhren und zunächst 2 TL **Zitronensaft** fein pürieren. Bohnen und Knoblauch dazugeben und alles zu einem cremigen Hummus pürieren.

Den Hummus mit **Zitronenschale**, Salz, **Pfeffer** und **Curry** pikant würzen. Nach Geschmack noch etwas Zitronensaft und **Cayennepfeffer** dazugeben.

Den Hummus in eine Schale füllen und mit etwas Currypulver bestäuben.

für Küchenhelden

Den Hummus zusätzlich mit gerösteten Cashewkernen bestreuen.

Rote-Bete-Hummus mit Dill

150 g vorgegarte Rote Bete (vakuumiert)
1–2 Knoblauchzehen, am besten eingelegt
1 Dose Kichererbsen (**250 g** Abtropfgewicht)
30 g helles Tahin
2–3 EL Granatapfelmelasse oder Aceto balsamico
Salz
1 TL gemahlener Cumin
¼–½ TL Cayennepfeffer
1 EL Olivenöl
2–3 Stiele Dill

🕐 für 2 Portionen
15 Minuten

Die **Rote Bete** trocken tupfen und in grobe Würfel schneiden. Den **Knoblauch**, falls nötig, schälen und hacken. Beides im Multizerkleinerer oder Blitzhacker fein pürieren.

Die **Kichererbsen** in ein Sieb abgießen, gründlich waschen und trocken tupfen. Zu der Roten Bete geben und cremig mixen.

Tahin und zunächst 2 EL **Granatapfelmelasse** dazugeben, weitermixen, mit **Salz**, **Cumin** und **Cayennepfeffer** würzen. Nach Geschmack mehr Granatapfelmelasse einrühren. Zum Schluss das **Olivenöl** untermischen.

Den **Dill** waschen, trocken schütteln und einige Spitzen beiseitelegen. Den Rest fein hacken und untermischen. Den Hummus anrichten und mit den Dillspitzen dekorieren.

für Küchenhelden

Den Hummus zusätzlich mit 1 EL hellen Sesamsamen bestreuen. Dafür die Sesamsamen vorher in einer Pfanne ohne Fett anrösten.

37

Linsen–Hummus
mit Gurke, Avocado und Koriander

120 g grüne Linsen
1 Knoblauchzehe
1 grüne Chilischote
50 g Gurke
½ kleine Avocado
1 EL Limettensaft
6–8 Stiele Koriandergrün
2 EL Olivenöl
Salz
grüner Pfeffer aus der Mühle

 für 2 Portionen
35 Minuten

Die **Linsen** mit knapp 300 ml Wasser aufkochen. Zugedeckt bei schwacher Hitze 25 Minuten köcheln lassen.

Inzwischen den **Knoblauch** schälen und grob hacken. Die **Chilischote** längs halbieren, entkernen, waschen und grob hacken. Die **Gurke** putzen, waschen und in Stücke schneiden. Die **Avocado** entsteinen. Das Fruchtfleisch aus der Schale lösen, ebenfalls klein schneiden und mit dem **Limettensaft** beträufeln. Das **Koriandergrün** waschen und trocken tupfen. Stiele und Blätter separat hacken.

Die Linsen abgießen, abtropfen und lauwarm abkühlen lassen. Gurke, Avocado, Chili, Knoblauch und Korianderstiele pürieren. Die Linsen und 1 EL **Olivenöl** dazugeben und alles zu einem dicklich-cremigen Hummus pürieren.

Den Hummus mit **Salz** und **Pfeffer** abschmecken. In eine Schale füllen, mit dem restlichen Olivenöl beträufeln und mit dem Koriandergrün bestreuen.

Kidneybohnen–Hummus mit Walnusskernen

1 Dose Kidneybohnen
(**250 g** Abtropfgewicht)
1 Knoblauchzehe
50 g Walnusskerne
50 ml Aceto balsamico
Salz
Pfeffer aus der Mühle
Cayennepfeffer
1 EL Walnussöl

🕐 für 2 Portionen
15 Minuten

Die **Kidneybohnen** in ein Sieb abgießen, waschen und abtropfen lassen. Den **Knoblauch** schälen und grob hacken. Die **Walnusskerne** grob hacken, etwa 10 g beiseitelegen.

Kidneybohnen, Knoblauch und Walnusskerne mit dem **Essig** fein pürieren, mit **Salz**, **Pfeffer** und **Cayennepfeffer** pikant würzen.

Den Hummus in eine Schale füllen, mit einem Löffelrücken eine Mulde hineindrücken und das **Walnussöl** hineingeben. Mit den restlichen gehackten Walnusskernen bestreuen.

übrigens

Anstelle von Aceto balsamico kannst du **Granatapfelmelasse** verwenden. Damit ist ein dickflüssiges Granatapfelkonzentrat gemeint, das du in orientalischen Lebensmittelgeschäften kaufen kannst. Den Hummus zusätzlich mit Granatapfelkernen bestreuen.

Paprika–Hummus mit Berbere

150 g gegrillte, geschälte Paprika (aus dem Glas)
2 EL Knoblauchöl oder Olivenöl
1 Dose Kichererbsen
(**250 g** Abtropfgewicht)
30 g helles Tahin
1–2 EL Zitronensaft
Salz
Pfeffer aus der Mühle
1 TL abgeriebene Bio-Zitronenschale
2 TL Berbere (siehe Tipp) und etwas zum Bestäuben
1 EL Olivenöl

 für 2 Portionen
15 Minuten

Die eingelegten **Paprikastücke** abtropfen lassen und mit Küchenpapier trocken tupfen. Mit dem **Knoblauchöl** im Multizerkleinerer fein pürieren. Die **Kichererbsen** in ein Sieb abgießen, waschen und abtropfen lassen. Mit **Tahin** und 1 EL **Zitronensaft** zu den Paprika geben und so lange pürieren, bis die Masse dicklich-cremig ist.

Den Hummus mit **Salz**, **Pfeffer**, **Zitronenschale** und **Berbere** würzen, ggf. etwas mehr Zitronensaft unterrühren.

In eine Schale füllen, glatt streichen und mit dem Löffelrücken ringförmig Vertiefungen hineindrücken. Das **Olivenöl** in die Vertiefungen geben, mit etwas Berbere bestäuben.

übrigens

Berbere ist eine orientalische Gewürzmischung, die u. a. aus Paprika, Cayennepfeffer, Cumin und Ingwer besteht. Ersatzweise kannst du den Hummus auch mit diesen Einzelgewürzen abschmecken.

Open
Sandwiches

Belegte Brote — ein Klassiker, der immer passt! Für die Brote eignet sich Landbrot, am besten frisch vom Bäcker. Es kann ein mildes Weizenvollkornbrot, ein Sauerteigbrot oder ein kräftiges Roggen- oder Roggenmischbrot sein. Letztendlich ist es reine Geschmackssache. Die Mengen der Beläge in den folgenden Rezepten orientieren sich an etwas größeren, ovalen Scheiben.

Brot mit geschmolzenem Brie und Pfeffer–Preiselbeeren

2 Scheiben Brot
20 g Butter
Salz
125 g Brie oder Camembert
1 EL eingelegter grüner Pfeffer
75 g Wildpreiselbeeren
(aus dem Glas)
Pfeffer aus der Mühle (nach
Belieben)

für 2 Portionen
20 Minuten

Den Ofen auf 180°C (Ober- und Unterhitze) vorheizen. Die **Brotscheiben** dünn mit **Butter** bestreichen und leicht **salzen**. Den **Brie** in Scheiben schneiden und gleichmäßig darauf verteilen. Ein Ofengitter auf die mittlere Schiene und darunter ein Abtropfblech schieben. Die Brotscheiben auf das Gitter legen und im vorgeheizten Ofen 8 bis 10 Minuten backen, bis der Käse leicht geschmolzen ist.

Inzwischen den **grünen Pfeffer** abbrausen, trocken tupfen und hacken. Mit den **Preiselbeeren** verrühren.

Pfeffer-Preiselbeeren in Klecksen auf die heißen Brote setzen, nach Belieben zusätzlich mit **Pfeffer** würzen und sofort servieren.

☞ Wer keinen eingelegten grünen Pfeffer hat, nimmt 1 bis 2 TL grob gemahlenen Pfeffer aus der Mühle.

Brot mit Apfel–Dill–Frischkäse und Krabben

¼ grüner Apfel
30 g Cornichons
4 Stiele Dill
100 g Doppelrahm-Frischkäse
1–2 Spritzer Zitronensaft
1 TL abgeriebene Bio-Zitronenschale
Salz
grüner Pfeffer aus der Mühle
2 Scheiben Brot
30 g Butter
100 g Nordseekrabben

 für 2 Portionen
15 Minuten

Den **Apfel** waschen und entkernen. Mit der Schale in 2 mm dünne Scheiben hobeln und diese klein würfeln. Die **Cornichons** trocken tupfen und ebenso klein würfeln. Den **Dill** waschen, trocken schütteln, die Spitzen abzupfen und fein hacken, einige Dillspitzen ganz lassen und beiseitelegen.

Den **Frischkäse** mit **Zitronensaft**, der Hälfte der **Zitronenschale**, **Salz** und **Pfeffer** glatt rühren, Apfel- und Cornichon-Würfel unterheben.

Die **Brote** dünn mit **Butter** bestreichen und die Frischkäsemischung gleichmäßig darauf verteilen. Die **Krabben** mit kaltem Wasser abbrausen, trocken tupfen und darüberstreuen. Mit Pfeffer würzen und mit der restlichen Zitronenschale und den Dillspitzen bestreuen.

Steak–Brot
mit geschmorten Zwiebeln

1 Rumpsteak
(200–230 g; ca. 3 cm dick)
1 EL Rapsöl
Salz
Pfeffer aus der Mühle
250 g rote Zwiebeln
1 EL Butter
1 EL Rohrzucker
2 Scheiben Brot
Meersalzflocken

 für 2 Portionen
25 Minuten
+ 3⊙ Minuten temperieren
(Fleisch)

Variante

Anstelle des Rumpsteaks ein
Putenschnitzel in Streifen
schneiden und direkt in der
Pfanne unter Rühren 5 bis
6 Minuten goldbraun braten,
salzen und pfeffern. Nachgaren im Ofen ist dabei nicht
notwendig.

Das **Fleisch** 30 Minuten vor dem
Braten aus dem Kühlschrank nehmen.
Den Fettrand mehrfach einschneiden.
Den Ofen auf 120 °C (Ober- und
Unterhitze) vorheizen. Ein Ofengitter
auf die mittlere Schiene und darunter
ein Abtropfblech schieben.

½ EL **Rapsöl** erhitzen. Das Steak mit
Salz würzen und auf jeder Seite
1½ Minuten scharf anbraten. Danach
mit **Pfeffer** würzen und im Ofen 7 bis
10 Minuten fertig garen.

Die **Zwiebeln** schälen und in feine
Ringen schneiden. Das restliche **Öl**
und die **Butter** in der Fleischpfanne
erhitzen. Die Zwiebelstreifen darin
bei mittlerer Hitze sanft braten, bis
sie weich sind, dabei öfter wenden.
Mit dem **Zucker** bestreuen und unter
Rühren karamellisieren.

Das Steak aus dem Ofen nehmen,
locker in Alufolie wickeln und 3 bis
5 Minuten ruhen lassen. Die Zwiebeln
salzen und pfeffern. In einer Schale
im Ofen warm halten.

Die **Brotscheiben** in der Pfanne im
Restfett braten. Die Zwiebeln darauf
verteilen. Das Fleisch quer zur Faser
in Streifen schneiden und auf den
Zwiebeln anrichten. Mit **Meersalzflocken** und Pfeffer würzen und sofort servieren.

Brot mit Kapernbutter und wachsweich gekochtem Ei

2 **Eier** (Größe M)
20 g Kapern (möglichst Salzkapern)
2–3 Stiele glatte Petersilie
50 g weiche Butter
½ TL abgeriebene Bio-Zitronenschale
grüner Pfeffer aus der Mühle
Meersalzflocken
2 Scheiben Brot

für 2 Portionen
15 Minuten

Die **Eier** 5 bis 6 Minuten weich bis wachsweich kochen. Danach kalt abschrecken, abkühlen lassen und vorsichtig pellen.

Inzwischen die **Kapern** gründlich abbrausen, trocken tupfen und hacken. Die **Petersilie** waschen und trocken schütteln, die Blätter abzupfen und hacken.

Die weiche **Butter** mit Kapern, Petersilie und **Zitronenschale** verrühren, mit **Pfeffer** und **Salzflocken** würzen.

Die **Brotscheiben** toasten und mit der Kapernbutter bestreichen. Jeweils 1 Ei drauflegen und direkt auf dem Brot halbieren, sodass das Eigelb auf die Kapernbutter läuft.

Variante

Statt Kapernbutter mal **Kräuterbutter** ausprobieren: dafür gehackte Kräuter wie Petersilie, Schnittlauch, Basilikum, Kerbel oder Koriander unter die weiche Butter mischen. Die Kräuter entweder einzeln verwenden oder mit anderen Kräutern mischen.

Avocado–Tomaten–Brot mit Bacon

2 **TL** Rapsöl
4 **Streifen** Bacon
1 große Tomate
Salz
Pfeffer aus der Mühle
1 kleines **Bund** Koriandergrün
2 **Scheiben** Brot
1 mittelgroße reife Avocado
Chiliflocken

 für 2 Portionen
20 Minuten

Eine große Pfanne mit dem **Rapsöl** ausstreichen. Den **Bacon** in die noch kalte Pfanne legen und langsam erhitzen. Bei mittlerer Hitze etwa 10 Minuten kross braten, gelegentlich wenden.

Inzwischen die **Tomate** waschen, halbieren und entkernen, dabei den Stielansatz entfernen. Das Fruchtfleisch klein würfeln. **Salzen** und **pfeffern**. Das **Koriandergrün** waschen und trocken schütteln, die Blätter abzupfen und hacken.

Den Bacon auf Küchenpapier abtropfen lassen. Das **Brot** in derselben Pfanne im Restfett rösten. Die **Avocado** halbieren und den Stein entfernen. Das Fruchtfleisch aus der Schale lösen und mit der Gabel direkt auf den Broten zerdrücken. Ebenfalls etwas salzen und pfeffern. Die Tomatenwürfel und das Koriandergrün darauf verteilen, mit **Chiliflocken** bestreuen. Mit dem Bacon anrichten.

Variante

Statt mit Tomate kann das Brot auch mit **Birne** belegt werden. Krosser Speck und die süße Note der Frucht harmonieren geschmacklich perfekt.

49

Brot mit gebratenen Austernpilzen

300 g Austernpilze
1 Schalotte
1 Knoblauchzehe
4–5 Stiele glatte Petersilie
5–6 Zweige Thymian
1 EL Rapsöl
Salz
Pfeffer aus der Mühle
20 g Butter
2 Scheiben Brot

 für 2 Portionen
20 Minuten

Die **Pilze** trocken abreiben und die zähen Stiele wegschneiden. Größere Pilzkappen vom Rand her in Streifen reißen, kleinere ganz lassen. **Schalotte** und **Knoblauch** schälen und in feine Würfel schneiden. Die **Kräuter** waschen, trocken schütteln, die Blätter abzupfen und hacken.

Die Schalotte im **Rapsöl** glasig dünsten, die Pilze dazugeben und unter Rühren bei starker Hitze 4 bis 5 Minuten braten. Die Hitze reduzieren. Den Knoblauch dazugeben und kurz ziehen lassen. Mit **Salz** und **Pfeffer** würzen. Drei Viertel der Petersilie untermischen. Die Pilzmischung aus der Pfanne nehmen und mit übriger Petersilie und Thymian mischen.

Die **Butter** in derselben Pfanne erhitzen, bis sie schäumt. Die **Brotscheiben** bei mittlerer Hitze auf beiden Seiten braten. Auf zwei Teller geben, mit den Pilzen belegen und sofort servieren.

Variante

Statt Austernpilze kannst du auch **Champignons** verwenden. Die Pilze zusätzlich noch mit Camembert oder Feta belegen und den Käse unter dem Backofengrill leicht schmelzen lassen.

Omeletts

schmecken gut mit ...

Omelett — so wird es schön fluffig

1. **4 Eier** (Größe M) und **75 g Frisch-käse** mit dem Schneebesen gründlich verrühren, mit **Salz** und **Pfeffer** – oder entsprechend der verschiedenen Rezepte – würzen.

1.

2. In einer großen, beschichteten Pfanne (28 cm Durchmesser) **2 TL Rapsöl** bei mittlerer Hitze erhitzen. **20 g Butter** darin zerlassen, bis sie schäumt. Die Temperatur auf schwache bis mittlere Hitze zurückschalten. Die Eiermasse hineingeben und 3 bis 4 Minuten stocken lassen.

2.

3. Sobald die Masse zu stocken beginnt, den Rand des Omeletts mit einem Pfannenwender oder Silikonlöffel leicht anheben, die Pfanne etwas kippen, sodass die noch flüssige Masse darunterlaufen kann. Jetzt kann man auch sehen, wie stark das Omelett von unten gebräunt ist. Es soll goldgelb bis goldbraun, aber keinesfalls zu dunkel sein. Falls nötig, die Temperatur weiter reduzieren.

   Den Herd ausschalten und das Omelett zugedeckt noch 2 bis 3 Minuten stocken lassen. Es soll an der Oberfläche noch etwas feucht sein. Wenn du magst, kannst du mithilfe eines Pfannenwenders das Omelett zusammenklappen, dann halbieren und sofort servieren.

übrigens

Anstelle einer großen Pfanne kann man auch zwei kleinere Pfannen (24 cm Durchmesser) verwenden. In diesem Fall die Mengen einfach halbieren und auf beide Pfannen verteilen.

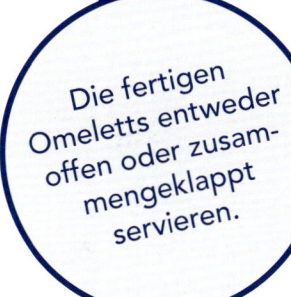

Die fertigen Omeletts entweder offen oder zusammengeklappt servieren.

für Küchenhelden

Anstelle von Rapsöl kann auch Olivenöl verwendet werden. Und anstelle von Öl und Butter kann auch – wo es geschmacklich passt – nur Öl verwendet werden, in dem Fall 2 EL.

3.

Schnelle Varianten

Schaumomelett

Hier werden die Eier getrennt und nur das Eigelb mit Frischkäse, Salz und Gewürzen verrührt. Die Eiweiße werden mit den Quirlen des Handrührgeräts steif geschlagen und nach und nach unter die Eigelb-Frischkäse-Masse gerührt. Das fertige Omelett wird so fluffiger.

Schnelles Käseomelett

Bevor das Omelett oder Schaumomelett in den letzten Minuten zugedeckt fertig gart, wird es mit **30 bis 40 g frisch geriebenem Käse** (mittelalter Gouda oder Cheddar) bestreut. Unter dem Deckel schmilzt der Käse. Vor dem Servieren pfeffern und mit etwas **Paprikapulve**r bestäuben.

Schinken–Käse–Omelett mit Schalotten

2–3 Schalotten
100 g gekochter Schinken
(nicht zu dicke Scheiben)
40 g Cheddar (oder mittelalter Gouda)
4 Eier (Größe M)
75 g Frischkäse
Salz • Pfeffer aus der Mühle
Cayennepfeffer
Paprika (edelsüß)
frisch geriebene Muskatnuss
2 TL Rapsöl • **20 g** Butter
½ Bund Schnittlauch

für 2 Portionen
25 Minuten

Die **Schalotten** schälen und in nicht zu feine Würfel schneiden. Den **Schinken** in etwa 1 cm große Würfel schneiden. Den **Käse** reiben. Die **Eier** mit **Frischkäse**, **Salz** und **Pfeffer** verrühren, nach Geschmack mit **Cayennepfeffer**, **Paprika** und **Muskatnuss** würzen.

Das **Rapsöl** erhitzen, die **Butter** dazugeben und zerlassen, bis sie schäumt. Die Schalotten darin 1 Minute unter Rühren andünsten. Den Schinken dazugeben und 1 bis 2 Minuten sanft braten.

Die Eiermasse darübergießen und 3 bis 4 Minuten stocken lassen (siehe Basicrezept). Den geriebenen Käse gleichmäßig darüberstreuen und zugedeckt 2 bis 3 Minuten schmelzen lassen.

Inzwischen den **Schnittlauch** waschen, trocken schütteln und in Röllchen schneiden. Über das fertige Omelett streuen.

Omelett mit Tomaten, Oliven und Kapern

75 g Frischkäse • **1 EL** Tomatenmark
1 TL Sambal Oelek oder ¼ **TL** Chiliflocken
4 Eier (Größe M)
Salz • Pfeffer aus der Mühle
200 g kleine Cocktailtomaten
8–10 schwarze Oliven • **2 TL** Kapern
2 EL Olivenöl • **2 Stiele** Basilikum

🕐 für 2 Portionen
20 Minuten

Zuerst den **Frischkäse** mit **Tomatenmark** und **Sambal Oelek** verrühren, dann nach und nach die **Eier** unterrühren. Mit **Salz** und **Pfeffer** würzen.

Die **Tomaten** waschen und halbieren. Die **Oliven** vom Stein schneiden und grob hacken (bereits entsteinte Oliven nach Belieben in Ringe schneiden). Die **Kapern** abbrausen, trocken tupfen und hacken.

Das **Olivenöl** erhitzen, die Tomaten darin unter Rühren etwa 3 Minuten nicht zu scharf anbraten, salzen und pfeffern. So lange braten, bis die ausgetretene Flüssigkeit weitgehend verdampft ist.

Die Eiermischung darübergießen und stocken lassen (siehe Basicrezept). Oliven und Kapern darüberstreuen und zugedeckt 2 bis 3 Minuten fertig stocken lassen. Inzwischen das **Basilikum** waschen und trocken schütteln, die Blätter abzupfen, grob zerrupfen oder ganz lassen. Das Basilikum über das fertige Omelett streuen.

für Küchenhelden

Die Tomaten noch mit ½ TL Ceylon-Zimt würzen.
Tomaten lieben Zimt!

Zucchiniomelett
mit Feta und Frühlingszwiebeln

4 Eier (Größe M)
75 g Frischkäse
Salz
Pfeffer aus der Mühle
Cayennepfeffer
frisch geriebene Muskatnuss
3 Frühlingszwiebeln
1–2 feste Zucchini (ca. **150 g**)
2–3 Stiele glatte Petersilie
2 TL Rapsöl (oder Olivenöl)
20 g Butter
75 g Schafskäse (Feta)

 für 2 Portionen
25 Minuten

für Küchenhelden

Das Omelett zusätzlich mit 1 EL gerösteten Kürbiskernen bestreuen.

Eier und **Frischkäse** mit dem Schneebesen verrühren. Mit **Salz** und **Pfeffer** würzen, nach Geschmack noch 1 Prise **Cayennepfeffer** und etwas frisch geriebene **Muskatnuss** dazugeben.

Die **Frühlingszwiebeln** putzen und waschen. Das Weiße der Frühlingszwiebeln hacken, das Grüne in feine Ringe schneiden. Die **Zucchini** putzen, waschen und klein schneiden. Die **Petersilie** waschen und trocken schütteln, die Blätter abzupfen und grob hacken.

Das **Öl** bei mittlerer Temperatur erhitzen. Die **Butter** dazugeben und zerlassen, bis sie schäumt. Das Zwiebelweiß unter Rühren 1 Minute darin andünsten. Die Zucchini dazugeben und 2 Minuten sanft braten, dabei einmal wenden.

Die Hitze etwas reduzieren, die Eiermasse auf die Zucchini gießen und 3 bis 4 Minuten stocken lassen, dabei den Rand öfter anheben und die noch flüssige Eiermasse darunterfließen lassen.

Den **Feta** zerkrümeln und auf dem Omelett verteilen. Den Herd ausschalten, den Deckel darauflegen und den Feta 2 bis 3 Minuten weich werden lassen.

Das fertige Omelett noch mal mit Pfeffer würzen, mit der Petersilie und dem Zwiebelgrün bestreuen und sofort servieren.

59

Räucherlachsomelett mit Meerrettich–Frischkäse

125 g Frischkäse
2 TL geriebener Meerrettich
(aus dem Glas)
Pfeffer aus der Mühle
4 Eier (Größe M)
Salz
100 g Räucherlachs (in Scheiben)
2 TL Rapsöl
20 g Butter
½ Kästchen Gartenkresse

 für 2 Portionen
20 Minuten

Den **Frischkäse** mit dem **Meerrettich** verrühren und mit **Pfeffer** würzen. Etwa 50 g der Masse beiseitestellen, den Rest mit den **Eiern** glatt rühren und mit **Salz** würzen. Den **Lachs** in mundgerechte Stücke schneiden.

Das **Öl** erhitzen, die **Butter** dazugeben und zerlassen, bis sie schäumt. Die Eiermasse darin 3 bis 4 Minuten stocken lassen (siehe Basicrezept).

Die Lachsstücke auf dem Omelett verteilen, den restlichen Meerrettich-Frischkäse in Klecksen darauf verteilen. Zugedeckt noch 2 bis 3 Minuten stocken lassen. Inzwischen die **Kresse** vom Beet schneiden, waschen und trocken tupfen.

Das fertige Omelett noch mal mit Pfeffer würzen und mit der Kresse bestreuen.

Omelett mit Austernpilzen, Knoblauch und Petersilie

250 g Austernpilze
1 Schalotte
1–2 Knoblauchzehen
½ Bund glatte Petersilie
4 Eier (Größe M)
75 g Frischkäse
Salz
Pfeffer aus der Mühle
2 EL Rapsöl

 für 2 Portionen
30 Minuten

Die **Austernpilze** trocken abreiben, die zähen Stiele wegschneiden. Die Pilzkappen vom Rand her in Streifen reißen. **Schalotte** und **Knoblauch** schälen und in feine Würfel schneiden. Die **Petersilie** waschen und trocken schütteln, die Blätter abzupfen und hacken.

Die **Eier** mit **Frischkäse**, **Salz** und **Pfeffer** verrühren.

Die Schalotte im **Öl** glasig andünsten, die Pilze dazugeben und unter Rühren bei starker Hitze 4 bis 5 Minuten braten. Die Hitze reduzieren. Den Knoblauch hinzufügen und kurz ziehen lassen. Mit Salz und Pfeffer würzen. Drei Viertel der Petersilie untermischen.

Die Eiermasse darübergießen und 3 bis 4 Minuten stocken lassen (siehe Basicrezept).

Anschließend zugedeckt 2 bis 3 Minuten fertig garen. Das Omelett mit der restlichen Petersilie bestreuen.

übrigens

Pilze grundsätzlich nicht mit Wasser waschen, schon gar nicht darin einweichen. Sie saugen sich dann mit Wasser voll und werden matschig. Stattdessen mit einem kleinen Messer braune und weiche Stellen wegschneiden.

Bei Champignons und Pfifferlingen die Kappen mit einem Küchenpapier abreiben und die Stiele mit Erdresten knapp wegschneiden.

Omelett mit roter Paprika und Bacon

70 g Bacon (in Scheiben oder Streifen)
2 TL Rapsöl
2 rote Paprikaschoten
4 Eier (Größe M)
75 g Frischkäse
Salz
Pfeffer aus der Mühle
1 TL Pimentón de la Vera (Rauch-paprika) und etwas zum Bestäuben
1–2 Msp. Cayennepfeffer

 für 2 Portionen
25 Minuten

Den **Bacon**, falls nötig, quer in Strei-fen schneiden. Das **Öl** in einer großen Pfanne erhitzen, den Bacon darin bei mittlerer Hitze etwa 5 Minuten kross braten, dabei gelegentlich wenden.

Inzwischen die **Paprika** längs halbie-ren, entkernen, waschen und nach Belieben schälen (siehe Tipp). Paprika in 2 cm breite Streifen und dann in Stücke schneiden.

Den Bacon aus der Pfanne nehmen. Dazu die Pfanne schräg halten, damit das Öl zur Seite läuft und in der Pfan-ne bleibt.

Die Paprikastücke in dem Speckfett-Öl-Gemisch unter Rühren 7 bis 8 Mi-nuten goldbraun und nicht ganz weich braten.

Inzwischen die **Eier** mit **Frischkäse**, **Salz** und **Pfeffer** verrühren.

Den Bacon zurück zur Paprika geben, mit **Pimentón de la Vera**, **Cayenne-pfeffer**, Pfeffer und wenig Salz würzen, da der Bacon bereits salzig ist. Die Eiermasse darübergießen und 3 bis 4 Minuten stocken lassen (siehe Basicrezept). Danach zuge-deckt 2 bis 3 Minuten nachgaren.

Das fertige Omelett mit etwas Pimen-tón de la Vera bestäuben und sofort servieren.

übrigens

Die **Schale von Paprika** ist für viele Menschen schwer verdaulich. Zum Schälen eignen sich Sparschäler, insbeson-dere die fein gezahnten Tomatenschäler.

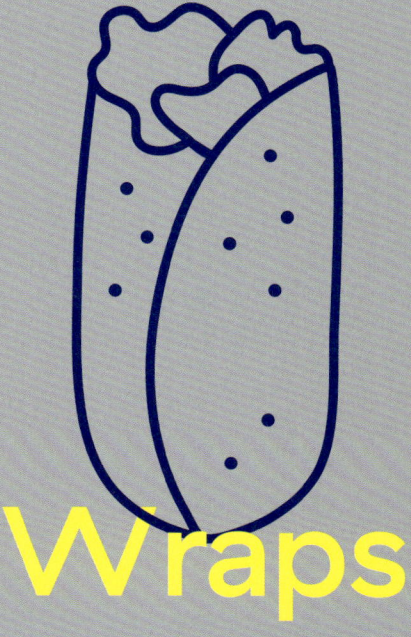

Wraps

schmecken
gut mit ...

Wraps: lecker gefüllt und perfekt gerollt

1. Vor der eigentlichen Zubereitung empfiehlt es sich, die **Fladen** kurz im Ofen, in einer Pfanne oder in der Mikrowelle zu **erwärmen**. So lassen sie sich leichter rollen, ohne einzureißen. Die **erste Schicht**, die auf den Fladen gestrichen wird, kann z. B. Crème fraîche, Frischkäse, Tomatenmark oder Hummus sein. So bleiben die anderen Zutaten besser auf dem Fladen haften und die Rolle hält gut zusammen. Beim Aufrollen wird ein Rand von etwa 1½ cm frei gelassen, damit die Füllung nicht herausquillt.

2. Auf die erste Schicht werden dann die **weiteren Zutate**n verteilt, größere Stücke, wie z. B. Hähnchenfleisch, nur auf der unteren Hälfte.

3. Man legt den belegten Fladen vor sich auf die Arbeitsplatte und beginnt, ihn von unten her **aufzurollen**. Nicht zu fest, damit er nicht reißt, und nicht zu locker, damit die Füllung nicht herausfällt. Sobald der Fladen etwa zu einem Drittel aufgerollt ist, werden rechts und links die Seiten eingeschlagen und der Fladen fertig gerollt. Der Wrap wird dann mit der „Naht" nach unten auf einen Teller gelegt und halbiert. Sofort essen oder in Frischhaltefolie wickeln und für den Lunch mitnehmen.

Wraps mit Farmersalat und scharf gebratenem Beef Tatar

50 g Mayonnaise (80 % Fett)
50 g Doppelrahm-Frischkäse
20 g Tomatenketchup
1 Spritzer Zitronensaft
½ TL abgeriebene Bio-Zitronenschale
Salz
Pfeffer aus der Mühle
Cayennepfeffer
1 Stück Sellerie (geschält, ca. **70 g**)
1 Möhre (ca. **100 g**)
3–4 Stiele glatte Petersilie
2 Tortilla-Wraps
(à ca. **65 g**; 24 cm Ø)
1 TL Rapsöl
125 g Beefsteakhack

 für 2 Portionen
20 Minuten

Die **Mayonnaise** mit **Frischkäse**, **Ketchup** und **Zitronensaft** glatt rühren, mit **Zitronenschale**, **Salz**, **Pfeffer** und **Cayennepfeffer** pikant würzen.

Sellerie und **Möhre** putzen, schälen und in hauchfeine Juliennestreifen hobeln. Sofort mit der Sauce mischen. Die **Petersilie** waschen und trocken schütteln, die Blätter abzupfen, hacken und untermischen.

Die beiden **Wraps** in einer Pfanne oder in der Mikrowelle kurz erwärmen, damit sie sich besser aufrollen lassen. Den Salat gleichmäßig darauf verteilen.

Das **Öl** in einer kleinen Pfanne erhitzen. Das **Hackfleisch** zerteilen und unter Rühren bei starker Hitze darin scharf anbraten, bis es bräunt. Herausnehmen, salzen und pfeffern und auf den beiden Wraps mit dem Salat verteilen.

Die Wraps fest aufrollen (siehe Basicrezept).

Avocado-Wraps
mit Gouda und Koriander

2 Tortilla-Wraps (à ca. **65 g**; 24 cm Ø)
70 g Doppelrahm-Frischkäse
2 TL Sambal Oelek
1 mittelgroße reife Avocado
(ca. **125 g** Fruchtfleisch)
1 TL abgeriebene Bio-Limettenschale
Salz
Pfeffer aus der Mühle
40 g mittelalter Gouda (oder Cheddar)
½ Bund Koriandergrün

für 2 Portionen
10 Minuten

Die beiden **Wraps** in einer Pfanne
oder in der Mikrowelle kurz
erwärmen, damit sie sich besser
aufrollen lassen.

Frischkäse und **Sambal Oelek** verrühren und die Wraps damit dünn
bestreichen. Die **Avocado** halbieren
und den Stein entfernen, das Fruchtfleisch in Stücke schneiden. Die
Wraps mit **Limettenschale** bestreuen,
mit **Salz** und **Pfeffer** würzen.
Den **Käse** grob reiben und darüberstreuen. Das **Koriandergrün** waschen
und trocken schütteln, Blättchen
und Stiele hacken und darüberstreuen.
Die Avocado darauf verteilen.

Die Wraps fest aufrollen (siehe
Basicrezept).

Wraps mit Hähnchen und Mango

2 Tortilla-Wraps (à ca. **65 g**; 24 cm Ø)
175 g Doppelrahm-Frischkäse
60 g Mangochutney (süß oder pikant, nach Geschmack)
Salz
Pfeffer aus der Mühle
2–3 Spritzer Limettensaft
150 g gegartes Hähnchenfleisch (oder Hähnchenbrust-Aufschnitt)
50 g Mangofruchtfleisch

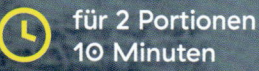

für 2 Portionen
10 Minuten

Die beiden **Wraps** in einer Pfanne oder in der Mikrowelle kurz erwärmen, damit sie sich besser aufrollen lassen.

Den **Frischkäse** mit dem **Chutney** glatt rühren, mit **Salz**, **Pfeffer** und **Limettensaft** abschmecken. Die Wraps damit bestreichen.

Das **Hähnchenfleisch** zerpflücken und darauf verteilen. Die **Mango** in Würfel schneiden und darüberstreuen.

Die Wraps fest aufrollen (siehe Basicrezept).

Bayern–Wraps mit Senfcreme und Leberkäse

2 Tortilla-Wraps (à ca. **65 g**; 24 cm Ø)
100 g Doppelrahm-Frischkäse
25 g körniger Senf
2 TL Dijon-Senf
1 EL Akazienhonig
Salz
Pfeffer aus der Mühle
150 g Leberkäse
6–8 Radieschen

für 2 Portionen
15 Minuten

Die beiden **Wraps** in einer Pfanne oder in der Mikrowelle kurz erwärmen, damit sie sich besser aufrollen lassen.

Den **Frischkäse** mit beiden **Senfsorten** und dem **Honig** glatt rühren, mit **Salz** und **Pfeffer** würzen. Die Wraps damit bestreichen, dabei einen Rand von etwa 1½ cm frei lassen.

Den **Leberkäse** in Streifen oder dünne Scheiben schneiden und auf den Wraps verteilen. Die **Radieschen** putzen, waschen und trocken tupfen. Die Radieschen in dünne Scheiben schneiden oder hobeln (beim Hobeln die Stiele zum Festhalten dranlassen!) und auf den Wraps verteilen.

Die Wraps fest aufrollen (siehe Basicrezept).

übrigens

Vegetarier ersetzen den Leberkäse durch Räuchertofu.

Thunfisch–Wraps
mit Tomatenmark und Kapern

1 Dose Thunfisch (in Olivenöl;
140 g Abtropfgewicht)
20 g Tomatenmark
75 g Doppelrahm-Frischkäse
2 TL Zitronensaft
1 TL abgeriebene Bio-Zitronenschale
2 TL Kapern
3–4 Stiele glatte Petersilie
Salz
Pfeffer aus der Mühle
2 Tortilla-Wraps (à ca. **65 g**; 24 cm Ø)

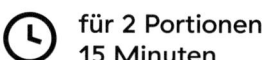 für 2 Portionen
15 Minuten

Den **Thunfisch** in ein Sieb abgießen und abtropfen lassen. Das Thunfischfleisch mit zwei Gabeln fein auseinanderzupfen. Das **Tomatenmark** mit **Frischkäse**, **Zitronensaft** und **Zitronenschale** verrühren, den Thunfisch unterheben.

Die **Kapern** trocken tupfen und hacken. Die **Petersilie** waschen und trocken schütteln, die Blätter abzupfen und fein hacken. Beides zur Thunfischmischung geben und gut untermischen. Mit **Salz** und **Pfeffer** würzen.

Die beiden **Wraps** in einer Pfanne oder in der Mikrowelle kurz erwärmen, damit sie sich besser aufrollen lassen. Den Thunfischsalat gleichmäßig darauf verteilen.

Wraps fest aufrollen (siehe Basicrezept).

Wraps all'italiana
mit Mozzarella und Tomaten

2 Tortilla-Wraps (à ca. **65 g**;
24 cm Ø)
125 g Tomatenmark
10–15 g Sambal Manis (süßlich)
oder Sambal Oelek (schärfer)
2–3 TL Akazienhonig
2 TL Olivenöl
1 kleiner **Zweig** Rosmarin
1 Kugel Mozzarella (**125 g**)
3–4 Cocktailtomaten
Salz
Pfeffer aus der Mühle
6–8 Basilikumblättchen

 für 2 Portionen
10 Minuten

Die beiden **Wraps** in einer Pfanne
oder in der Mikrowelle kurz
erwärmen, damit sie sich besser
aufrollen lassen.

Das **Tomatenmark** mit **Sambal**,
Honig und **Olivenöl** verrühren.
Den **Rosmarin** waschen und trocken
tupfen, die Nadeln abzupfen,
sehr fein hacken und untermischen.
Die beiden Wraps mit der Masse
bestreichen, dabei einen Rand von
etwa 1½ cm frei lassen.

Den **Mozzarella** abtropfen lassen,
trocken tupfen, in ½ cm dicke Scheiben schneiden und gleichmäßig auf
den Wraps verteilen. Die **Tomaten**
waschen, trocken tupfen, quer in
Scheiben schneiden und zwischen den
Mozzarellascheiben verteilen. Mit **Salz**
und **Pfeffer** würzen. Das **Basilikum**
waschen, trocken tupfen, grob zerrupfen und darüberstreuen.

Die Wraps fest aufrollen (siehe Basicrezept).

73

Couscous & Bulgur

schmecken gut mit ...

Couscous — ruckzuck fertig

1. **125 g Couscous** („Instant") mit etwas **Salz** und – je nach Rezept – **1 bis 2 TL Gewürzmischung** verrühren. **225 ml** kochend heißes **Wasser**, **Gemüsebrühe** oder **Hühnerbrühe** mit **1 EL Olivenöl** mischen, darübergießen und gut verrühren.

2. Zugedeckt 5 bis 7 Minuten quellen lassen. Mit einer Gabel auflockern und weiterverarbeiten.

Bulgur — schnell aufgequollen

125 g Bulgur („Instant") in ein Sieb geben und gründlich abbrausen. Mit gut der doppelten Menge gesalzenem **Wasser** oder **Brühe** (= knapp **300 ml**) aufkochen. Zugedeckt bei schwacher Hitze 7 bis 10 Minuten quellen lassen, bis der Bulgur die gesamte Flüssigkeit aufgenommen hat.

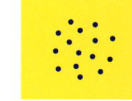

Bulgur mit Gurke, Avocado, Frühlingszwiebeln, Zitrone und Dill

125 g Bulgur („Instant")
2 dünne Frühlingszwiebeln
2 EL Olivenöl
1 TL zerriebene getrocknete Minze (aus dem Teebeutel)
1 TL gemahlene Kurkuma (oder Currypulver)
300 ml Gemüsebrühe
100 g Salatgurke
½ Avocado (**75 g** Fruchtfleisch)
1 TL Zitronensaft, evtl. etwas mehr
2 Stiele Dill
1 TL abgeriebene Bio-Zitronenschale
Salz
grüner Pfeffer aus der Mühle

🕐 für 2 Portionen
20 Minuten

Den **Bulgur** in ein Sieb geben, gründlich abbrausen und abtropfen lassen. Die **Frühlingszwiebeln** putzen, waschen, das Weiße hacken, das Grüne in feine Ringe schneiden und beiseitestellen.

Das Zwiebelweiß im **Olivenöl** andünsten, **Minze** und **Kurkuma** darüberstäuben und unterrühren. Den Bulgur dazugeben, unter Rühren kurz andünsten, dann mit der **Brühe** ablöschen. Aufkochen und zugedeckt 7 bis 10 Minuten bei schwacher Hitze quellen lassen.

Inzwischen die **Gurke** waschen, längs halbieren und die Kerne mit einem kleinen Löffel entfernen. Das Fruchtfleisch in sehr kleine Würfel schneiden. Den Stein aus der **Avocado** entfernen. Das Fruchtfleisch aus der Schale lösen, in kleine Würfel schneiden und sofort mit dem **Zitronensaft** beträufeln. Den **Dill** waschen, trocken schütteln, die Spitzen abzupfen und hacken.

Den fertigen Bulgur in einer Schüssel abkühlen lassen, mit **Zitronenschale**, **Salz** und **Pfeffer** würzen. Frühlingszwiebelringe, Gurke und Dill untermischen, dann die Avocadowürfel behutsam unterheben. Mit Salz und Pfeffer abschmecken, evtl. mit etwas Zitronensaft abrunden.

 Dazu passt geräuchertes Forellenfilet.

Tomaten-Bulgur
mit Thymian und Parmesan

125 g Bulgur („Instant")
2 Schalotten
1–2 Knoblauchzehen
150 g Tomaten
2 EL Olivenöl
1 EL Tomatenmark
½ –1 TL Sambal Oelek (oder eine andere Chilipaste)
300 ml Gemüsebrühe
5–6 Zweige Thymian
40 g Parmesan (am Stück)
Salz
Pfeffer aus der Mühle

 für 2 Portionen
20 Minuten

Den **Bulgur** in ein Sieb geben, gründlich abbrausen und abtropfen lassen. **Schalotten** und **Knoblauch** schälen und in feine Würfel schneiden. Die **Tomaten** waschen, vierteln und entkernen, dabei die Stielansätze entfernen. Das Fruchtfleisch klein würfeln.

Die Schalotten im **Olivenöl** bei mittlerer Hitze unter Rühren glasig dünsten, den Knoblauch dazugeben und kurz mitdünsten. Die Tomaten hinzufügen, unter Rühren kurz mitdünsten, dann **Tomatenmark** und **Sambal Oelek** unterrühren. Zuletzt den Bulgur dazugeben und mit den anderen Zutaten gut verrühren. Die **Brühe** angießen, aufkochen und zugedeckt bei schwacher Hitze 7 bis 10 Minuten quellen lassen.

Inzwischen den **Thymian** waschen und trocken schütteln, die Blättchen abzupfen und hacken. Den **Parmesan** fein reiben.

Den Bulgur mit **Salz** und **Pfeffer** würzen, den Parmesan einrühren und den Thymian darüberstreuen.

 Lecker dazu sind in Butter gebratene Spiegeleier.

Zucchini–Bulgur
mit Feta und Pinienkernen

125 g Bulgur („Instant")
1 kleine rote Zwiebel (ca. **60 g**)
1–2 Knoblauchzehen
2 Stiele Rosmarin
3 EL Olivenöl
½ TL gemahlene Kurkuma
½ TL gemahlener Cumin
300 ml Gemüsebrühe
30 g Pinienkerne
100 g Feta
2 Stiele glatte Petersilie
125 g Zucchini
Salz
Pfeffer aus der Mühle

🕐 für 2 Portionen
20 Minuten

Den **Bulgur** in ein Sieb geben, gründlich abbrausen und abtropfen lassen. **Zwiebel** und **Knoblauch** schälen und in feine Würfel schneiden. Den **Rosmarin** waschen und trocken schütteln, die Nadeln abzupfen und fein hacken.

Die Zwiebel in der Hälfte des **Olivenöls** bei mittlerer Hitze unter Rühren glasig dünsten, den Knoblauch dazugeben und kurz mitdünsten. Rosmarin und Bulgur hinzufügen, unter Rühren kurz andünsten, **Kurkuma** und **Cumin** unterrühren, dann die **Brühe** angießen. Aufkochen und zugedeckt bei schwacher Hitze 7 bis 10 Minuten quellen lassen.

Inzwischen die **Pinienkerne** in einer Pfanne ohne Fett goldgelb rösten. Den **Feta** klein würfeln oder zerkrümeln. Die **Petersilie** waschen und trocken schütteln, die Blätter abzupfen und hacken.

Die **Zucchini** putzen, waschen und trocken reiben. Längs in ½ cm dicke Scheiben schneiden, diese in Streifen und dann in Würfel schneiden. Die Zucchiniwürfel im restlichen Olivenöl unter Rühren etwa 3 Minuten braten, mit **Salz** und **Pfeffer** würzen.

Zucchini und Feta unter den fertigen Bulgur mischen, mit Pinienkernen und Petersilie bestreuen.

 Dazu schmecken in Olivenöl kurz gebratene Lammfilets.

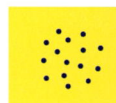

Gewürz–Couscous mit Orangensaft, Pistazien und Sultaninen

30 g Sultaninen
125 g Couscous („Instant")
2 TL Ras el-Hanout
1 EL Olivenöl
125 ml kräftige Hühner- oder Gemüsebrühe
100 ml Orangensaft
2 Stiele glatte Petersilie
30 g grüne Pistazienkerne
Salz
Pfeffer aus der Mühle

 für 2 Portionen
15 Minuten

Die **Sultaninen** in warmem Wasser einweichen. Den **Couscous** mit **Ras el-Hanout** und **Olivenöl** vermischen. **Brühe** und **Orangensaft** aufkochen, über den Couscous gießen, umrühren und zugedeckt 5 bis 7 Minuten quellen lassen.

Inzwischen die **Petersilie** waschen und trocken schütteln, die Blätter abzupfen und fein hacken. Die **Pistazien** grob hacken.

Die Sultaninen abgießen, trocken tupfen und je nach Größe etwas kleiner hacken. Den Couscous mit der Gabel auflockern, mit **Salz** und **Pfeffer** würzen und die Sultaninen unterheben. Petersilie und Pistazien teilweise unterheben, teilweise darüberstreuen.

Couscous nach Belieben mit Hähnchenbrust (siehe S. 107) servieren.

Varianten

1 TL abgeriebene **Bio-Orangenschale** mit unter den Couscous mischen.
Und: Für einen extra orientalischen Touch ½ bis 1 TL Rosenwasser darüberträufeln!

Tabouleh mit Petersilie, Minze und Tomatenwürfeln

50 g Couscous („Instant")
½ TL gemahlene Kurkuma
3 EL Olivenöl
100 ml Gemüsebrühe
2 große **Bund** glatte Petersilie
1 Bund Minze
2 Tomaten (ca. **150 g**)
Salz
1 EL Zitronensaft
Pfeffer aus der Mühle
1 TL heller Honig
(z. B. Akazienhonig)
1 TL abgeriebene Bio-
Zitronenschale

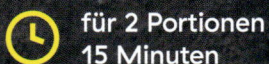

für 2 Portionen
15 Minuten

Den **Couscous** mit **Kurkuma** und ½ EL **Olivenöl** verrühren. Die **Brühe** aufkochen, darübergießen, umrühren und zugedeckt 5 bis 7 Minuten quellen lassen. Danach mit der Gabel auflockern und abkühlen lassen.

Inzwischen die **Kräuter** waschen und gründlich trocken tupfen (sie müssen wirklich trocken sein, sonst wird der Salat matschig), die Blätter nicht zu fein hacken. Die **Tomaten** waschen, halbieren und entkernen, dabei die Stielansätze entfernen. Das Fruchtfleisch klein würfeln und **salzen**.

Den **Zitronensaft** mit Salz, **Pfeffer** und **Honig** verrühren, dann nach und nach das restliche Olivenöl unterschlagen. Zum Schluss die **Zitronenschale** unterrühren.

Den Couscous mit Tomaten und Kräutern locker mischen. Erst direkt vor dem Essen mit der Vinaigrette mischen.

☞ Dazu passen: der klassische Hummus (siehe S. 32) und dünnes Fladenbrot.

für Küchenhelden

Eine Handvoll Granatapfel-kerne (gibt es auch schon ausgelöst zu kaufen) unter den Salat mischen. Schmeckt säuerlich frisch und sieht super aus!

Süßer Zimt–Couscous mit Mandeln und geschmorten Äpfeln

225 ml Milch
Salz
40 g Butter
125 g Couscous („Instant")
1 TL Ceylon-Zimt
½ TL gemahlener Kardamom
1 großer Apfel (ca. **200 g**)
30 g Mandelblättchen
2–3 EL flüssiger Honig

für 2 Portionen
15 Minuten

Die **Milch** mit 1 Prise **Salz** und der Hälfte der **Butter** bis kurz vor dem Siedepunkt erhitzen. Den **Couscous** mit **Zimt** und **Kardamom** mischen, mit der heißen Milch übergießen, verrühren und zugedeckt 5 bis 7 Minuten quellen lassen.

Inzwischen den **Apfel** schälen, vierteln, entkernen und in Spalten schneiden. In der restlichen Butter bei mittlerer Hitze sanft braten. In einer zweiten Pfanne die **Mandelblättchen** ohne Fett goldgelb rösten und auf einem Teller abkühlen lassen.

Den Couscous mit einer Gabel auflockern, die Hälfte des **Honigs** untermischen. Darauf die Äpfel verteilen, den restlichen Honig darüberträufeln. Die Mandelblättchen darüberstreuen.

Variante

30 g gebrannte Mandeln grob hacken und anstelle der Mandelblättchen über den Couscous streuen.

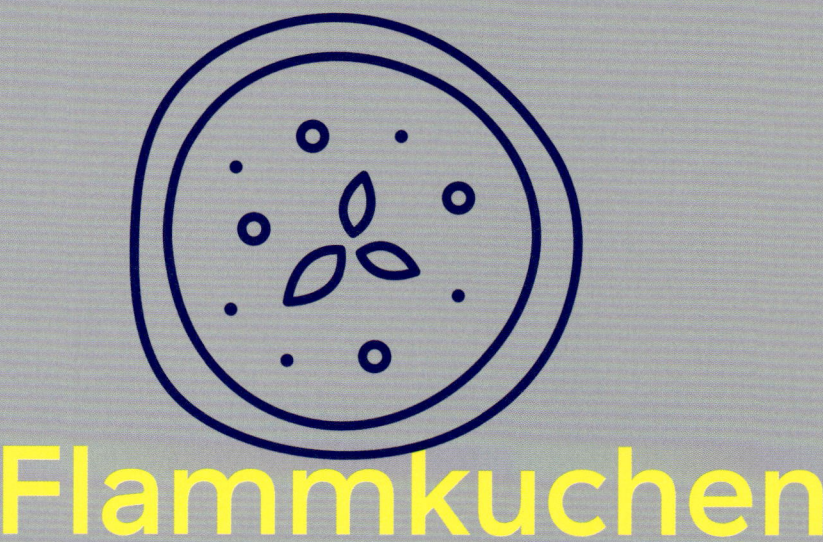

Flammkuchen

schmeckt gut mit ...

Flammkuchen —
kross und saftig

... mit Crème fraîche, Zwiebeln und Speck

1. Den Ofen auf 200 °C (Umluft) vorheizen. Den **Flammkuchenteig** (aus dem Kühlregal) mitsamt dem Backpapier auf einem Backblech entrollen. **150 g Crème fraîche** oder **Schmand** darauf verteilen, dabei einen 1 cm breiten Rand frei lassen.

2. **1 mittelgroße rote Zwiebel** schälen, längs halbieren und dann quer in schmale Streifen schneiden. Diese locker auf dem Flammkuchen verteilen. **100 g Bacon** in Streifen dazwischen verteilen. Im Ofen auf der mittleren Schiene etwa 15 Minuten knusprig backen.

3. Den Flammkuchen halbieren (oder vierteln) und stilecht auf einem Holzbrett servieren. **Schwarzen Pfeffer** frisch darübermahlen.

Flammkuchen mit Zucchini, Pesto und Käse

1 Rolle Flammkuchenteig (aus dem Kühlregal)
150 g Crème fraîche oder Schmand
200 g feste Zucchini
Salz
Pfeffer aus der Mühle
2–3 EL Pesto (aus dem Glas oder selbst gemacht, siehe S. 126)
2 EL Kürbiskerne
25 g Parmesan (am Stück)
25 g mittelalter Gouda (am Stück)

 für 2 Portionen
15 Minuten
+ 15 Minuten backen

Den Ofen auf 200 °C (Umluft) vorheizen. Den **Flammkuchenteig** mitsamt dem Backpapier auf einem Backblech entrollen. **Crème fraîche** oder **Schmand** darauf verteilen, dabei einen 1 cm breiten Rand frei lassen.

Die **Zucchini** waschen. Auf dem Hobel (oder mit einem Messer) in 3 mm dicke Scheiben schneiden, den Stiel dabei zum Festhalten benutzen.

Die Zucchinischeiben auf dem Flammkuchen verteilen, mit **Salz** und **Pfeffer** würzen. Das **Pesto** in kleinen Klecksen dazwischensetzen. Die **Kürbiskerne** darüberstreuen. Beide **Käsesorten** reiben, locker vermischen und über den Flammkuchen streuen.

Im Ofen auf der mittleren Schiene etwa 15 Minuten knusprig backen.

Den Flammkuchen halbieren (oder vierteln) und sofort servieren.

Flammkuchen mit Birnen, Blauschimmelkäse und Pekannüssen

1 Rolle Flammkuchenteig (aus dem Kühlregal)
150 g Crème fraîche oder Schmand
1 große Birne (ca. **250 g**; z.B. Abate Fetel)
150 g milder Blauschimmelkäse (z.B. Bavaria blu)
50 g Pekannusskerne (ersatzweise Walnusskerne)
1 Zweig Rosmarin
Pfeffer aus der Mühle

 für 2 Portionen
15 Minuten
+ 15 Minuten backen

Den Ofen auf 200 °C (Umluft) vorheizen. Den **Flammkuchenteig** mitsamt dem Backpapier auf einem Backblech entrollen. **Crème fraîche** oder **Schmand** darauf verteilen, dabei einen 1 cm breiten Rand frei lassen.

Die **Birne** waschen, vierteln, entkernen und in Spalten schneiden, diese gleichmäßig auf dem Flammkuchen verteilen. Den **Blauschimmelkäse** in etwa 5 mm dicke Scheiben und diese in etwa 3 × 4 cm große Stücke schneiden. Zwischen den Birnen verteilen. Die **Pekannüsse** in den Zwischenräumen verteilen.

Den **Rosmarin** waschen und trocken tupfen. Die Nadeln abzupfen, sehr fein hacken und auf den Flammkuchen streuen. Kräftig mit **Pfeffer** würzen.

Im Ofen auf der mittleren Schiene etwa 15 Minuten knusprig backen.

Den Flammkuchen halbieren (oder vierteln) und sofort servieren.

Flammkuchen mit Tomaten, Feta, Kapernäpfeln, Thymian und Oliven

1 Rolle Flammkuchenteig (aus dem Kühlregal)
150 g Crème fraîche oder Schmand
70 g getrocknete Tomaten (in Öl eingelegt)
100 g Feta
100 g Cocktailtomaten (am besten längliche)
12 schwarze Oliven
5–6 Zweige Thymian
Pfeffer aus der Mühle
60 g Kapernäpfel (eingelegt, aus dem Glas)

 für 2 Portionen
15 Minuten
+ 15 Minuten backen

Den Ofen auf 200°C (Umluft) vorheizen. Den **Flammkuchenteig** mitsamt dem Backpapier auf einem Backblech entrollen. **Crème fraîche** oder **Schmand** darauf verteilen, dabei einen 1 cm breiten Rand frei lassen.

Die getrockneten **Tomaten** abtropfen lassen, trocken tupfen, in nicht zu schmale Streifen schneiden und gleichmäßig auf dem Flammkuchen verteilen. Den **Feta** zerkrümeln und dazwischenstreuen. Die **Tomaten** waschen, trocken tupfen, quer in Scheiben schneiden und in den Zwischenräumen verteilen.

Die **Oliven** vom Stein schneiden, grob hacken und darüberstreuen. Den **Thymian** waschen, trocken schütteln, die Blättchen abzupfen und darüberstreuen. Den Flammkuchen kräftig mit **Pfeffer** würzen, Salz ist wegen des Fetas nicht nötig.

Im Ofen auf der mittleren Schiene etwa 15 Minuten knusprig backen.

Den Flammkuchen halbieren (oder vierteln). Die **Kapernäpfel** abtropfen lassen, trocken tupfen, nach Belieben halbieren und auf dem Flammkuchen verteilen. Sofort servieren.

übrigens

Gelbe und/oder orangefarbene Cocktailtomaten bringen tolle farbliche Akzente auf dem Flammkuchen.

Ziegenkäse–Flammkuchen mit Serrano–Schinken und Feigen

1 Rolle Flammkuchenteig (aus dem Kühlregal)
150 g Crème fraîche oder Schmand
100 g Serrano-Schinken
100 g Ziegenfrischkäse-Taler
2 blaue Feigen
Pfeffer aus der Mühle
25 g Rucola

für 2 Portionen
15 Minuten
+ 15 Minuten backen

Den Ofen auf 200 °C (Umluft) vorheizen. Den **Flammkuchenteig** mitsamt dem Backpapier auf einem Backblech entrollen. **Crème fraîche** oder **Schmand** darauf verteilen, dabei einen 1 cm breiten Rand frei lassen.

Den **Schinken** in etwa 4 × 5 cm große Stücke zupfen und locker auf dem Flammkuchen verteilen. Die einzelnen **Frischkäse-Taler** quer halbieren und zwischen dem Schinken verteilen. Die **Feigen** waschen, trocken reiben, halbieren und in Spalten schneiden. In den Zwischenräumen auf dem Flammkuchen verteilen. Alles kräftig mit **Pfeffer** würzen.

Im Ofen auf der mittleren Schiene etwa 15 Minuten knusprig backen.

Inzwischen den **Rucola** verlesen, grobe Stiele entfernen. Den Rucola waschen und trocken schleudern, größere Blätter kleiner zupfen.

Den fertigen Flammkuchen halbieren (oder vierteln), anrichten, mit dem Rucola bestreuen und sofort servieren.

übrigens

Eine **Salatschleuder** ist sinnvoll, wenn man öfter Salat isst. Wer keine hat, lässt den Rucola in einem Sieb gut abtropfen und gibt ihn dann auf ein sauberes Küchenhandtuch. Die Zipfel des Tuches so zusammennehmen, dass nichts herausfallen kann, und diesen „Beutel" dann kräftig schleudern.

Flammkuchen mit Äpfeln, Preiselbeeren und Maronen

1 Rolle Flammkuchenteig (aus dem Kühlregal)
150 g Crème fraîche oder Schmand
2 Äpfel (à ca. **170 g**; z.B. Elstar)
100 g Maronen (vorgegart, vakuumverpackt)
100 g Preiselbeerkompott (aus dem Glas)
Salz
Pfeffer aus der Mühle

für 2 Portionen
15 Minuten
+ 15 Minuten backen

Den Ofen auf 200°C (Umluft) vorheizen. Den **Flammkuchenteig** mitsamt dem Backpapier auf einem Backblech entrollen. **Crème fraîche** oder **Schmand** darauf verteilen, dabei einen 1 cm breiten Rand frei lassen.

Die **Äpfel** schälen, mit dem Apfelausstecher das Kerngehäuse entfernen, dann die Äpfel quer in dünne Scheiben schneiden. Die Scheiben gleichmäßig auf dem Flammkuchen verteilen.

Die **Maronen** quer halbieren und auf dem Flammkuchen verteilen. Die **Preiselbeeren** in kleinen Klecksen dazwischensetzen, am besten in die Mitte der Apfelscheiben. Alles leicht **salzen** und kräftig **pfeffern**.

Den Flammkuchen im Ofen auf der mittleren Schiene etwa 15 Minuten knusprig backen.

Den Flammkuchen halbieren (oder vierteln) und sofort servieren.

übrigens

Wer keinen Apfelausstecher hat, kann die Äpfel schälen, vierteln, entkernen und dann in Spalten schneiden.

Flammkuchen mit Meerrettich–Dill–Creme und Räucherlachs

1 Rolle Flammkuchenteig (aus dem Kühlregal)
150 g Crème fraîche oder Schmand
2–3 TL Meerrettich (aus dem Glas)
Salz
grüner Pfeffer aus der Mühle
3–4 Stiele Dill
1½ EL Rapsöl
1 TL Akazienhonig
1 TL Dijon-Senf
150 g Räucherlachs (in Scheiben)

für 2 Portionen
25 Minuten
+ 15 Minuten backen

Den Ofen auf 200 °C (Umluft) vorheizen. Den **Flammkuchenteig** mitsamt dem Backpapier auf einem Backblech entrollen. **Crème fraîche** oder Schmand mit **Meerrettich**, **Salz** und **Pfeffer** verrühren. Die Mischung auf dem Flammkuchen verteilen, dabei einen 1 cm breiten Rand frei lassen.

Den Flammkuchen im Ofen auf der mittleren Schiene etwa 12 Minuten backen.

Inzwischen den **Dill** waschen und trocken tupfen. Einige ganze Dillspitzen beiseitelegen, den Rest fein hacken. Das **Öl** mit **Honig**, **Senf** und gehacktem Dill verrühren. Den **Lachs** in Streifen schneiden und auf dem Flammkuchen verteilen. Die Dillmischung in Klecksen darauf verteilen. Den Flammkuchen weitere 3 bis 4 Minuten knusprig backen.

Den Flammkuchen halbieren (oder vierteln), mit Pfeffer würzen. Die Dillspitzen darüberstreuen und sofort servieren.

Baked Potatoes

schmecken gut mit ...

Baked Potatoes — eine heiße Nummer

1. Den Ofen auf 200 °C (Umluft) vorheizen. **2 große mehligkochende Kartoffeln (à 300 g)** oder **4 mittelgroße (à 150 g)** mit einer Bürste unter fließendem kaltem Wasser sehr gründlich waschen und trocken tupfen.

   Mit einer Gabel von allen Seiten 5- bis 6-mal einstechen. Mit etwas **Olivenöl** beträufeln, mit einem Pinsel oder den Händen rundum verteilen. Die Kartoffeln von allen Seiten **salzen**.

   Die Kartoffeln auf einem Ofengitter auf der mittleren Schiene je nach Größe 45 bis 60 Minuten backen. Die Kartoffeln sind gar, wenn man mit einem spitzen Messer problemlos bis zur Mitte hineinstechen kann.

2. Die fertigen Kartoffeln halb einschneiden und etwas auseinanderdrücken. Wer es puristisch mag, gibt ein gutes Stück **Butter** hinein (10 g für eine kleinere Kartoffel, 20 g für eine größere) und vermischt sie mit der Gabel mit dem weichen Inneren der Kartoffel. **Salzflocken** und frisch gemahlener **Pfeffer** darauf – fertig!

Variante

Du kannst statt der klassischen Kartoffeln auch **Süßkartoffeln** nehmen. Sie passen besonders gut zu Linsen-Dal und zum mexikanischen Salat.

Baked Potatoes — fixe Füllungen

——

Als Füllung eignen sich auch die Hummus-Varianten (siehe S. 32–41) oder Pestos (siehe S. 126–127).

... mit Sour Cream

125 g Sour Cream oder **Crème fraîche** mit **Salz**, **Pfeffer** und **Schnittlauchröllchen** verrühren. In die aufgeschnittene Kartoffel füllen.

Außerdem kann jeder nach Lust und Laune experimentieren und die Sour Cream z.B. mit gewürfeltem Schinken, Fetawürfeln, Krabben, Lachs, geraspelten Möhren, Maiskörnern oder Oliven kombinieren.

... mit Bacon

4 Scheiben Bacon (**ca. 60 g**) in Streifen schneiden und etwa 10 Minuten knusprig braten. Bacon mit dem Speckfett in die aufgeschnittene Kartoffel geben, kräftig **pfeffern** und mit 1 in Ringe geschnittenen **Frühlingszwiebel** bestreuen.

... mit Käse

75 g Cheddar reiben, in die gebackene aufgeschnittene Kartoffel häufen und noch mal kurz in den Ofen schieben (Oberhitze dazuschalten!), bis der Käse geschmolzen ist. Mit **Schnittlauchröllchen** bestreuen.

übrigens

Wenn du gar keine Zeit, aber großen Hunger, hast, hol dir beim türkischen Imbiss eine „Kumpir" (Ofenkartoffel) und such dir deine Lieblingsfüllung vor Ort aus.

 Rezepte für raffiniertere Füllungen und Beilagen für Baked Potatoes folgen auf den nächsten Seiten. Die Kartoffeln nach dem Basicrezept (siehe S. 95) zubereiten, dazu anrichten oder damit füllen.

Mittelmeergemüse mit Aioli

150 g Zucchini
½ Aubergine (ca. **150 g**)
Salz
100 g rote Zwiebeln
1 Zweig Rosmarin
6–8 Zweige Thymian
1–2 Knoblauchzehen (möglichst frisch)
35 g Mayonnaise (80% Fett)
70 g Doppelrahm-Frischkäse
1 Spritzer Zitronensaft
Cayennepfeffer
2 EL Olivenöl
Pfeffer aus der Mühle
Chiliflocken
30 g Pinienkerne

für 2 Portionen
20 Minuten

Zucchini und **Aubergine** putzen, waschen, trocken reiben und in 1 cm große Würfel schneiden. Die Auberginenwürfel **salzen**. Die **Zwiebeln** schälen, längs halbieren, dann quer in 1 cm dicke Streifen schneiden. Die Kräuter waschen und trocken schütteln. Die **Rosmarinnadeln** abzupfen und fein hacken, die **Thymianblättchen** abzupfen und ganz lassen.

Für die Aioli den **Knoblauch** schälen und sehr fein hacken, mit 1 Prise Salz zu einer Paste zerdrücken. **Mayonnaise** und **Frischkäse** mit dem Knoblauch glatt verrühren, mit etwas **Zitronensaft** und **Cayennepfeffer** abschmecken.

Die Zwiebeln in 1 ½ EL **Olivenöl** unter gelegentlichem Rühren 4 bis 5 Minuten sanft braten. Die Auberginenwürfel mit Küchenpapier trocken tupfen, zu den Zwiebeln geben und 3 Minuten unter häufigem Rühren mitbraten. An den Rand schieben, restliches Öl in die Mitte der Pfanne geben und die Zucchini 4 Minuten braten. Alles vermischen. Rosmarin, Thymian und **2 EL Wasser** hinzufügen und zugedeckt noch 2 bis 3 Minuten dünsten, bis das Gemüse gar ist (Zwiebeln und Aubergine sollten weich, die Zucchini noch bissfest sein). Mit Salz, **Pfeffer** und **Chiliflocken** abschmecken und die **Baked Potatoes** (siehe S. 95) damit füllen. Die **Pinienkerne** in einer Pfanne ohne Fett goldgelb rösten und über das Gemüse streuen.

Schnelles Linsen–Dal
mit Tomaten und Joghurt

75 g rote Zwiebeln
1–2 Knoblauchzehen
100 g Cocktailtomaten
1 kleine **Dose** Linsen (**250 g** Abtropfgewicht)
20 g Kokosöl (ersatzweise Rapsöl)
1 TL Currypulver
1 TL gemahlener Cumin
1 TL gemahlene Kurkuma
30 g Tomatenmark
100 ml Gemüsebrühe (evtl. etwas
mehr)
Salz
Pfeffer aus der Mühle
Cayennepfeffer
100 g griechischer Joghurt (oder
Crème fraîche)
2–4 Stiele Koriandergrün

 für 2 Portionen
20 Minuten

Zwiebeln und **Knoblauch** schälen und in feine Würfel schneiden. **Tomaten** waschen und vierteln. Die **Linsen** in ein Sieb abgießen, waschen und abtropfen lassen.

Die Zwiebeln im **Öl** glasig dünsten, zuerst den Knoblauch und dann die Tomaten kurz mitdünsten. Mit **Curry**, **Cumin** und **Kurkuma** bestreuen und unter Rühren leicht anrösten. Das **Tomatenmark** dazugeben und unter weiterem Rühren etwas anrösten. Mit der **Brühe** ablöschen und aufkochen.

Die Linsen hinzufügen und etwa 3 Minuten köcheln lassen, dabei gelegentlich umrühren. Falls nötig, etwas mehr Brühe dazugeben. Mit **Salz**, **Pfeffer** und **Cayennepfeffer** abschmecken.

Das Dal in die **Baked Potatoes** (siehe S. 95) füllen. Den **Joghurt** mit etwas Salz glatt rühren und auf das Dal löffeln. Mit etwas Cayennepfeffer bestäuben. **Koriander** waschen und trocken tupfen, Blätter abzupfen, grob hacken und darüberstreuen.

Varianten

Für einen typisch indischen Geschmack 2 Msp. Asant („Teufelsdreck") in das Dal oder den Joghurt rühren. Asant ist ein nach Knoblauch duftendes Harz, das meist mit Kurkuma gemischt als Pulver in kleinen Dosen angeboten wird.
Und als Topping: ½ TL Schwarzkümmel auf den Joghurt streuen. Sieht toll aus und schmeckt intensiv nussig.

Mexikanischer Salat mit Avocado, Mais und Koriander

½ **EL** Limettensaft
1 TL Akazienhonig (oder Agaven-dicksaft)
Salz
grüner Pfeffer aus der Mühle
2 EL Olivenöl
1 TL abgeriebene Bio-Limettenschale
1 mittelgroße Avocado (**125 g** Frucht-fleisch)
75 g Mais (aus der Dose)
1 grüne Chilischote
2 Frühlingszwiebeln
½ **Bund** Koriandergrün

 für 2 Portionen
20 Minuten

Den **Limettensaft** mit **Honig**, **Salz** und **Pfeffer** verrühren. Nach und nach das **Olivenöl** unterschlagen, dann die **Limettenschale** einrühren.

Die **Avocado** halbieren, den Stein entfernen, das Fruchtfleisch aus der Schale lösen und in etwa 1 cm große Würfel schneiden. Sofort mit der Salatsauce mischen.

Den **Mais** abtropfen lassen. Die **Chili-schote** längs halbieren, entkernen, waschen und fein hacken. Die **Früh-lingszwiebeln** putzen, waschen und in feine Ringe schneiden. Das **Korian-dergrün** waschen und trocken schüt-teln. Die Stiele fein und die Blättchen grob hacken.

Mais, Chili, Frühlingszwiebeln und Korianderstiele unter die Avocado mischen. Den Salat in die **Baked Potatoes** (siehe S. 95) füllen. Die Korianderblättchen darüberstreuen.

Varianten

Für einen typisch mexikani-schen Geschmack ½ TL gemahlenen Cumin (Kreuz-kümmel) in die Salatsauce rühren.
Zusätzlich 30 g grüne Pista-zienkerne grob hacken und über den Salat streuen.

101

Gurken-Lachs-Tatar in Wasabi-Schmand

2–3 Minigurken (**100 g**)
Salz
grüner Pfeffer aus der Mühle
100 g Räucherlachs (in Scheiben)
75 g Schmand
2–3 TL Wasabi (aus der Tube)
1 TL abgeriebene Bio-Zitronenschale
1 TL Zitronensaft
½ Kästchen Gartenkresse
(ersatzweise grüne Daikonkresse)

 für 2 Portionen
20 Minuten

Die **Gurken** waschen und trocken reiben, längs in 2 bis 3 mm dünne Scheiben hobeln, diese in Streifen und dann in Würfel schneiden. **Salzen** und **pfeffern**. Den **Lachs** in ähnlich kleine Würfel schneiden, pfeffern und mit den Gurken mischen.

Den **Schmand** mit dem **Wasabi** glatt rühren, mit **Zitronenschale**, **Zitronensaft**, Salz und Pfeffer würzen. Unter die Gurken-Lachs-Mischung rühren. In die **Baked Potatoes** (siehe S. 95) füllen.

Die **Kresse** möglichst ohne Stiele vom Beet schneiden, waschen, trocken tupfen und über das Tatar streuen.

Krabben–Apfel–Salat und Dill

2 TL Zitronensaft
1 TL Akazienhonig (oder Agavendicksaft)
1 TL Dijon-Senf
Salz • grüner Pfeffer aus der Mühle
2 EL Rapsöl oder mildes Olivenöl
1 grüner Apfel (ca. **100 g**; z.B. Granny Smith)
35 g Cornichons
100 g Nordseekrabben
2–3 Stiele Dill

für 2 Portionen
15 Minuten

Für die Vinaigrette den **Zitronensaft** mit **Honig**, **Senf**, **Salz** und **Pfeffer** verrühren. Das **Öl** unterschlagen.

Den **Apfel** waschen und trocken reiben. In 3 mm dicke Scheiben hobeln, diese in Streifen, dann in Würfel schneiden. Sofort mit der Vinaigrette mischen. Die **Cornichons** trocken tupfen und ähnlich fein würfeln. Die **Krabben** mit kaltem Wasser abbrausen und trocken tupfen. Cornichons und Krabben zu den Apfelwürfeln geben und unterrühren.

Dill waschen und trocken tupfen. Die Spitzen abzupfen, hacken und untermischen. Den Salat in die **Baked Potatoes** (siehe S. 95) füllen.

Geschnetzeltes aus Schweinefilet

3 längliche Schalotten (ca. **50 g**)
200 g Schweinefilet (küchenfertig)
2–3 Stiele glatte Petersilie
15 g Butterschmalz
Salz
100 g Schmand
Pfeffer aus der Mühle
¼ TL Delikatess-Paprikapulver
1–2 Msp. Cayennepfeffer
1–2 Spritzer Zitronensaft
½ TL abgeriebene Bio-Zitronenschale

für 2 Portionen
15 Minuten

Die **Schalotten** schälen und längs in Streifen schneiden. Das **Schweinefilet** trocken tupfen, längs halbieren und in 1 cm dicke Scheiben schneiden. Die **Petersilie** waschen und trocken schütteln, die Blätter abzupfen und hacken.

Das **Butterschmalz** erhitzen und die Schalotten darin bei mittlerer Hitze 2 bis 3 Minuten glasig dünsten. Herausnehmen und die Temperatur erhöhen. Das Fleisch **salzen** und von jeder Seite 1 Minute goldbraun anbraten.

Den **Schmand** einrühren, die Temperatur wieder auf mittlere Hitze herunterschalten, die Schalotten zum Fleisch geben und 3 bis 5 Minuten sanft fertig garen. Mit Salz, **Pfeffer**, **Paprika**, **Cayennepfeffer**, etwas **Zitronensaft** und **Zitronenschale** abschmecken. Das Geschnetzelte in die **Baked Potatoes** (siehe S. 95) füllen und mit der Petersilie bestreuen.

Grillhähnchen

**schmeckt
gut als ...**

Grillhähnchen — super wandelbar

1. Ein Grundrezept für Grillhähnchen gibt es an dieser Stelle nicht, denn das Hähnchen bzw. das halbe Hähnchen wird schon fertig gegrillt gekauft und dann zu Hause weiterverarbeitet.

2. Wenn die Hähnchenhaut in der Zwischenzeit nicht mehr so knusprig ist wie frisch vom Grill: einfach abziehen, in mundgerechte Stücke schneiden und in einer beschichteten Pfanne ohne zusätzliches Fett bei mittlerer Hitze langsam kross braten. Diese Stücke eignen sich auch gut als Topping auf einem Salat oder für die Reispfanne von S.113.

3. Nach dem Verzehr kann man die Karkasse und die Knochen des Grillhähnchens mit noch vorhandenen Fleischresten – wenn man mag – als Basis für eine Suppe auskochen.

4. Wer keinen guten Hähnchen-Grill in der Nähe hat, kann stattdessen eine frische Hähnchenbrust mit oder ohne Haut kaufen, in der Pfanne anbraten und im Ofen fertig garen (siehe rechts).

Hähnchenbrust — brat's dir selbst

1. Den Ofen auf 150°C (Ober- und Unterhitze) vorheizen und eine ofenfeste Form hineinstellen. **1 große** oder **2 kleine Hähnchenbrustfilets** (ca. **250–300 g**) von Fett und Sehnen befreien, mit kaltem Wasser waschen und trocken tupfen. Das Fleisch **salzen** und in **2 TL Butterschmalz** oder **Rapsöl** 4 Minuten rundum goldbraun anbraten. Mit **Pfeffer** oder **Cayennepfeffer** würzen und im Ofen in der Form 15 Minuten fertig garen.

2. Wer die Hähnchenbrust mit Haut kauft, brät sie 3 Minuten auf der Hautseite und 1 Minute auf der Fleischseite. Mit der Hautseite nach oben in die Form setzen.

Hähnchensalat mit rotem Reis und Ananas

80 g roter Vollkornreis (ersatzweise schwarzer oder heller Vollkornreis)
Salz
¼ frische Ananas (ca. **150 g** Fruchtfleisch oder ca. **3 Scheiben** aus der Dose)
1 Frühlingszwiebel
1 kleines Bund Koriandergrün
150–170 g Grillhähnchenfleisch (ohne Haut und Knochen)
2 EL Sojasauce
2 EL Limettensaft, evtl. etwas mehr
1 TL Sambal Manis oder
½–1 TL Sambal Oelek (ersatzweise ¼ TL Chiliflocken)
1 TL abgeriebene Bio-Limettenschale
1 TL Kokosblütenzucker oder feiner brauner Zucker
2 EL Erdnussöl oder mildes Olivenöl

 für 2 Portionen
20 Minuten
+ 40 Minuten (Reis kochen)

für Küchenhelden

Roter Reis sieht nicht nur sensationell aus, er hat auch einen besonders herzhaften, nussigen Geschmack.

Den **Reis** in ein Sieb geben und 2- bis 3-mal gründlich waschen. Mit der 2½-fachen Menge Wasser und etwas **Salz** in einem Topf aufkochen und zugedeckt 35 bis 40 Minuten (oder nach Packungsanweisung) garen. Er soll weich mit einem leichten Biss sein. Falls noch Flüssigkeit übrig ist, in einem Sieb abtropfen und ausdampfen lassen.

Inzwischen die **Ananas** schälen, den harten Strunk und die schwarzen Augen entfernen. Die Ananas in etwa 1 cm große Würfel schneiden. Die **Frühlingszwiebel** putzen, waschen und quer in feine Ringe schneiden. Das **Koriandergrün** waschen und trocken schütteln, die Blättchen mit den zarten Stielen grob hacken. Das **Hähnchenfleisch**, falls nötig, von den Knochen ablösen und in 2 cm große Stücke schneiden.

Für das Dressing **Sojasauce** und **Limettensaft** mit **Sambal**, **Limettenschale** und **Zucker** verrühren, dann das **Öl** unterschlagen.

Den abgekühlten (oder lauwarmen) Reis mit Ananas, Hähnchenfleisch und Frühlingszwiebel mischen, das Dressing darübergießen und gut untermischen. Nochmals abschmecken, falls nötig, etwas mehr Salz, Limettensaft und/oder Chili dazugeben.

Vor dem Servieren mit dem Koriandergrün bestreuen.

Hähnchenaufstrich mit Cornichons und Kapern

½ Grillhähnchen, davon etwa **200 g** Fleisch (ohne Haut und Knochen)
1 Frühlingszwiebel
30 g Cornichons
2 TL Kapern (aus dem Glas)
40 g Mayonnaise (80 %)
80 g Doppelrahm-Frischkäse
2–3 TL Dijon-Senf
Salz
Pfeffer aus der Mühle
2 Spritzer Zitronensaft
1 TL abgeriebene Bio-Zitronenschale
2 Scheiben Bauernbrot

für 2 Portionen
15 Minuten
+ 30 Minuten kühlen

Das **Hähnchenfleisch** in grobe Stücke schneiden. Die **Frühlingszwiebel** putzen, waschen, das Weiße grob hacken, das Grüne in feine Ringe schneiden und beiseitelegen. Die **Cornichons** abtropfen lassen und in Stücke schneiden. Die **Kapern** ebenfalls abtropfen lassen. Alles bis auf das Zwiebelgrün in den Blitzhacker geben. **Mayonnaise**, **Frischkäse** und **Senf** dazugeben und in kurzen Intervallen zerkleinern, sodass der Aufstrich noch etwas stückig ist.

Die Masse mit **Salz**, **Pfeffer**, **Zitronensaft** und **Zitronenschale** pikant abschmecken. 30 Minuten im Kühlschrank ziehen lassen.

Das **Bauernbrot** rösten oder grillen, mit dem Aufstrich bestreichen und mit den Frühlingszwiebelringen bestreuen.

Variante

Schmeckt auch mit Ei. Dann den Aufstrich mit nur 100 bis 150 g Fleisch zubereiten. 2 bis 3 Eier hart kochen, abschrecken, pellen, klein hacken, salzen und untermischen.

Mango–Hähnchen–Salat mit Cashewkernen

1 mittelgroße reife Mango
(ca. **200 g** Fruchtfleisch)
1 mittelgroße rote Paprikaschote
1–2 Frühlingszwiebeln
½ Grillhähnchen, davon etwa **200 g**
Fleisch (ohne Haut und Knochen)
50 g süßes oder scharfes Mangochutney (nach Geschmack)
2 EL Limettensaft
1 TL abgeriebene Bio-Limettenschale
Salz
grüner Pfeffer aus der Mühle
2 EL Erdnussöl oder mildes Olivenöl
Chiliflocken
40 g Cashewkerne (geröstet und
gesalzen)

🕑 für 2 Portionen
20 Minuten

Die **Mango** schälen, das Fruchtfleisch in
1 cm dicken Scheiben vom Stein schneiden
und würfeln. Die **Paprika** dünn schälen
(siehe Tipp S. 63, Omelett mit roter
Paprika), halbieren, entkernen, waschen
und in ½ cm große Würfel schneiden.
Die **Frühlingszwiebeln** putzen, waschen
und Weißes und Grünes separat in feine
Ringe schneiden. Das **Fleisch** von den
Knochen lösen und in knapp 2 cm große
Stücke schneiden. Mango, Paprika,
Zwiebelweiß und Fleisch locker mischen.

Für das Dressing das **Chutney** mit dem
Limettensaft verrühren. Falls nötig, große
Mangostücke in dem Chutney vorher klein
schneiden. Mit **Limettenschale**, **Salz** und
Pfeffer würzen, dann das **Öl** unterschlagen. Das Dressing mit dem Salat mischen,
nach Geschmack mit **Chiliflocken** würzen.

Die **Cashewkerne** grob hacken und mit
den grünen Zwiebelringen über den Salat
streuen.

111

Scharfes Tomaten–Hähnchen mit Petersilie

50 g Zwiebeln
2 Knoblauchzehen
2 EL Olivenöl
1 EL Tomatenmark
1 Dose Pizzatomaten (400 g)
½ Grillhähnchen
2 TL Akazienhonig
1–2 TL Sambal Oelek oder mehr
Salz
Pfeffer aus der Mühle
1 TL Ceylon-Zimtpulver
3–4 Stiele glatte Petersilie

 für 2 Portionen
25 Minuten

Zwiebeln und Knoblauch schälen und in feine Würfel schneiden. 1 ½ EL Olivenöl erhitzen, die Zwiebeln darin glasig dünsten. Den Knoblauch kurz mitdünsten. Das Tomatenmark dazugeben und unter Rühren etwas anrösten, mit den Pizzatomaten ablöschen. Aufkochen und 10 Minuten ohne Deckel köcheln lassen, dabei gelegentlich umrühren.

Die Haut vom Hähnchen abziehen, in Stücke schneiden und beiseitestellen. Das Fleisch von den Knochen lösen und in mundgerechte Stücke schneiden.

Die dicklich eingekochten Tomaten mit Honig, Sambal, Salz, Pfeffer und Zimt abschmecken, nach Belieben mehr Sambal dazugeben. Die Hähnchenstücke hinzufügen und in der Sauce erwärmen.

Das restliche Olivenöl erhitzen, die Hähnchenhaut darin knusprig braten. Die Petersilie waschen und trocken schütteln, die Blätter abzupfen und hacken. Über das Tomaten-Hähnchen streuen.

In zwei Schalen anrichten, die knusprigen „Chips" dazu servieren. Dazu passt Ciabatta oder Baguette.

für Küchenhelden

Statt Petersilie das Gericht mit einer Gremolata bestreuen: Dafür 1 Bio-Zitrone heiß waschen, trocken reiben und die Schale abreiben. 1 bis 2 Knoblauchzehen schälen und fein hacken. 3 bis 4 Stiele Petersilie waschen und trocken schütteln, die Blätter abzupfen und fein hacken. Alles vermischen.

Reispfanne mit Huhn, Chili und Erdnüssen

100 g roter oder schwarzer Reis
Salz
½ Grillhähnchen, davon etwa **200 g** Fleisch (ohne Haut und Knochen)
2 Frühlingszwiebeln
25 g Erdnusskerne (geröstet und gesalzen)
1½ **EL** Erdnuss- oder Rapsöl
2 Eier (Größe M)
1–2 TL Chilisauce (z. B. Sriracha-Sauce)
1–2 EL Sojasauce
Pfeffer aus der Mühle

🕐 für 2 Portionen
20 Minuten
+ 40 Minuten (Reis kochen)

Den **Reis** nach Packungsanweisung 35 bis 40 Minuten in **Salzwasser** garen (oder übrig gebliebenen gekochten Reis verwenden). Inzwischen das **Fleisch** in etwa 2 cm große Stücke schneiden. Die **Frühlingszwiebeln** putzen, waschen, das Weiße hacken und das Grüne in feine Ringe schneiden. Die **Erdnusskerne** grob hacken.

1 EL **Öl** in einer großen Pfanne erhitzen. Reis und Fleisch mischen und darin unter regelmäßigem Rühren braten, bis alles gut erhitzt ist. Die Mischung in eine Pfannenhälfte schieben und das restliche Öl in der freien Hälfte erhitzen. Die **Eier** wie Spiegeleier hineinschlagen. Sobald sie leicht gestockt sind, mit dem Reis-Fleisch verrühren.

Die Reispfanne mit **Chilisauce**, **Sojasauce**, Salz und **Pfeffer** pikant abschmecken, mit Erdnüssen und Zwiebelringen bestreuen und sofort servieren.

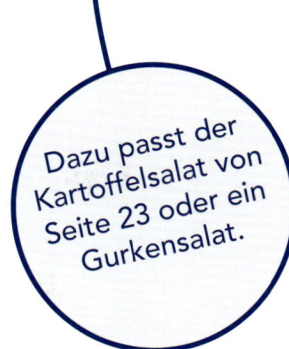

Hähnchen–Frikadellen mit Petersilie

2 Schalotten
4–5 Stiele glatte Petersilie
½ Grillhähnchen, davon etwa **200 g** Fleisch und die Hälfte der Haut
2 TL Dijon-Senf
1 Ei (Größe M)
20 g Panko (asiat. Paniermehl; oder Semmelbrösel)
Salz
Pfeffer aus der Mühle
Delikatess-Paprikapulver
1 EL Rapsöl

 für 2 Portionen
35 Minuten

Dazu passt der Kartoffelsalat von Seite 23 oder ein Gurkensalat.

Die **Schalotten** schälen und grob hacken. Die **Petersilie** waschen, trocken schütteln, Stiele und Blätter separat hacken. Ein Stück **Hähnchenfleisch** (ca. 70 g) in etwa 5 mm kleine Würfel schneiden und beiseitestellen. Das restliche Fleisch und die Haut in grobe Stücke schneiden und mit Schalotten und Petersilienstielen im Multizerkleinerer oder Blitzhacker sehr fein zerkleinern.

Die Masse herausnehmen, mit **Senf** und **Ei** vermischen, dann **Panko**, gewürfeltes Fleisch und Petersilienblätter hineinkneten. Mit **Salz**, **Pfeffer** und **Paprika** kräftig würzen. 4 gleich große Frikadellen daraus formen und etwas flach drücken.

Das **Öl** erhitzen. Die Frikadellen bei mittlerer Hitze auf jeder Seite 5 bis 6 Minuten goldbraun braten. Dazu schmeckt Gurken- oder Kartoffelsalat.

Pasta

In diesen Rezepten werden immer Nudeln mit Saucen oder anderen Zutaten kombiniert, die sofort mit den gekochten heißen Nudeln vermischt werden. Die Rezepte beschreiben deshalb immer nur die Saucen und die Fertigstellung.

Nudeln — so klappt's wie beim Italiener!

1. In einem großen Topf (mindestens 3 l Inhalt) **2 l Wasser** zum Kochen bringen. Wenn man gleich heißes Wasser nimmt und den Deckel darauflegt, dauert das etwa 5 Minuten.

2. Sobald das Wasser kocht, **2 TL Salz** dazugeben. **200 g Nudeln** in das kochende Wasser geben und sofort umrühren. Sobald das Wasser wieder kocht, kann man die Temperatur etwas herunterschalten, es soll ständig blubbern, aber nicht überkochen. Um das zu verhindern, einfach einen großen Kochlöffel quer über den Topf legen.

3. Die Nudeln ohne Deckel kochen, dabei weiter regelmäßig umrühren, damit sie nicht aneinanderkleben.

4. Die Kochzeit für die verschiedenen Nudeln ist auf der Packung angegeben, wobei das nur Richtwerte sind. Durchschnittlich sind Nudeln in etwa 10 Minuten gar. Am besten nimmt man 1 Minute vor der angegebenen Kochzeit eine Nudel heraus (eine Küchenpinzette ist dabei sehr hilfreich!) und probiert den Gargrad.

☞ Letztlich ist es Geschmackssache, ob du deine Nudel al dente, also bissfest, oder etwas weicher magst. Du musst aber wissen, dass Nudeln auch nach dem Abgießen noch etwas nachgaren und weicher werden. Eiernudeln garen schneller, Nudeln aus Hartweizen brauchen etwas länger. Frische Nudeln aus dem Kühlregal benötigen deutlich weniger Zeit, etwa 2 bis 3 Minuten.

Zum Abgießen stellst du eine Servierschüssel in die Spüle, gibst das Sieb in die Schüssel und schüttest die Nudeln samt Kochwasser hinein. Dann das Sieb anheben und abtropfen lassen, die Schüssel leeren und die heißen Nudeln in die heiße Schüssel füllen. Sofort mit der vorbereiteten heißen Sauce mischen und servieren.

übrigens

Wenn die Sauce sehr dicklich ist, gibt es einen schnellen Trick: Einfach eine Tasse oder Kelle voll heißem Kochwasser auffangen. Damit kann die Sauce etwas verdünnt werden. Das gilt auch für die Pestos (siehe S. 126/127), aus denen du dir mit ein wenig Kochwasser eine Sauce „zaubern" kannst.

Pasta al ragù —
mit Rinderhack und Parmesan

1 rote Zwiebel (ca. **70 g**)
1 Knoblauchzehe
2 EL Olivenöl
250 g Rinderhackfleisch
Salz
Pfeffer aus der Mühle
2 EL Tomatenmark
100 ml Rotwein
1 Dose Pizzatomaten (**400 g**)
1 TL getrockneter Thymian
1 TL getrockneter Oregano
Zucker
Chiliflocken (nach Belieben)
200 g Nudeln (z.B. Girandole oder
Fusilli)
30 g Parmesan (frisch gerieben)

 für 2 Portionen
45 Minuten

Zwiebel und **Knoblauch** schälen und in feine Würfel schneiden.

1 EL **Olivenöl** erhitzen. Das **Hackfleisch** darin bei starker Hitze unter ständigem Rühren braun und krümelig braten, dabei mit **Salz** und **Pfeffer** würzen.

Die Temperatur auf mittlere Hitze herunterschalten. Das Fleisch an den Rand schieben, daneben das restliche Öl erhitzen. Die Zwiebel darin sanft anbraten, den Knoblauch kurz mitbraten, dann mit dem Hack mischen. Das **Tomatenmark** einrühren und mit dem **Rotwein** ablöschen.

Die **Pizzatomaten** und die getrockneten **Kräuter** dazugeben. Alles aufkochen und zugedeckt bei schwacher Hitze 20 Minuten köcheln lassen, zwischendurch ab und zu umrühren. Zum Schluss ohne Deckel kochen lassen, bis die Sauce dicklich eingekocht ist. Noch einmal mit Salz, Pfeffer und 1 Prise **Zucker** abschmecken. Für etwas Schärfe mit **Chiliflocken** nachwürzen.

Inzwischen die **Nudeln** nach dem Basicrezept (siehe S. 117) zubereiten.

Die Nudeln abgießen und sofort mit der Bolognese mischen. Mit **Parmesan** bestreuen.

Spaghetti aglio, olio e peperoncini — mit Knoblauch, Öl und Chili

200 g Spaghetti
3 Knoblauchzehen
3–4 Stiele glatte Petersilie
4 EL Olivenöl
½ TL Chiliflocken, nach Geschmack mehr
Pfeffer aus der Mühle

 für 2 Portionen
15 Minuten

Die **Spaghetti** wie im Basicrezept (siehe S. 117) zubereiten.

Inzwischen den **Knoblauch** schälen und in feine Scheibchen schneiden. Die **Petersilie** waschen und trocken schütteln, die Blätter abzupfen und hacken.

Das **Olivenöl** in einer großen Pfanne erhitzen, den Knoblauch darin goldgelb braten. Nach Belieben den Knoblauch im Öl lassen oder mit einer Schaumkelle herausheben und entfernen.

Die abgetropften Spaghetti direkt in die Pfanne geben und in dem Öl wenden. **Chiliflocken** und Petersilie untermischen. Mit **Pfeffer** würzen.

übrigens

Lange, dünne Nudeln wie Spaghetti oder Linguine harmonieren besonders gut mit leichten, glatten Saucen, während kurze Nudeln wie Rigatoni oder Penne sämige, würzige Saucen besser aufnehmen können.

Spaghetti al burro e formaggio — mit Butter und Parmesan

200 g Spaghetti
50 g Butter
75 g Parmesan (frisch gerieben)
Pfeffer aus der Mühle
Chiliflocken (nach Belieben)

🕐 für 2 Portionen
15 Minuten

Die **Spaghetti** wie im Basicrezept (siehe S. 117) zubereiten.

Kurz bevor sie fertig sind, die **Butter** in einer Pfanne zerlassen, bis sie schäumt.

Die heißen Nudeln dazugeben und gut vermischen. Nach und nach den **Parmesan** unterrühren.

Kräftig mit **Pfeffer** würzen. Nach Belieben mit **Chiliflocken** bestreuen.

Variante

Bei diesem Klassiker der italienischen Küche mischen Feinschmeckerköche auch mal verschiedene Parmesansorten miteinander: milde (z. B. 18 Monate gereift) mit geschmacksintensiven (32 Monate oder länger gereift).

Spaghetti puttanesca — mit Tomaten, Oliven und Sardellen

1–2 Knoblauchzehen
4 Sardellenfilets (in Öl)
½–1 rote Chilischote
50 g Oliven (entsteint)
1 EL Kapern (z. B. Salzkapern)
200 g Cocktailtomaten
3–4 Stiele glatte Petersilie
3 EL Olivenöl
1 EL Tomatenmark
50 ml Rotwein
200 g Spaghetti
Salz
Pfeffer aus der Mühle
1 Spritzer Zitronensaft

 für 2 Portionen
35 Minuten

Den **Knoblauch** schälen und hacken. Die **Sardellenfilets** abtropfen lassen und in Stücke schneiden. Die **Chilischote** längs halbieren, entkernen, waschen und hacken. Die **Oliven** in Ringe schneiden oder nach Belieben ganz lassen. Die **Kapern** waschen, trocken tupfen und hacken. Die **Tomaten** waschen und halbieren. Die **Petersilie** waschen und trocken schütteln, die Blätter abzupfen und hacken.

Den Knoblauch im **Olivenöl** andünsten, Sardellen und Chili dazugeben und unter Rühren 2 Minuten sanft braten. Das **Tomatenmark** einrühren, dann den **Wein** und die Cocktailtomaten hinzufügen. Unter regelmäßigem Rühren 10 Minuten köcheln lassen.

Inzwischen die **Spaghetti** wie im Basicrezept (siehe S. 117) zubereiten.

Oliven und Kapern in die Sauce rühren, mit **Salz**, **Pfeffer** und **Zitronensaft** abschmecken. Sofort mit der heißen Pasta mischen. Mit der Petersilie bestreuen.

Pasta al pomodoro — mit Tomatensauce

50 g rote Zwiebeln
1 Knoblauchzehe
1½ EL Olivenöl
1 EL Tomatenmark
1 Dose stückige Tomaten (**400 g**)
1 Lorbeerblatt
1 TL getrockneter Thymian
200 g Nudeln (z. B. Casarecce)
Salz
Pfeffer aus der Mühle
Cayennepfeffer
Zucker
Parmesan (gerieben; nach Belieben)

für 2 Portionen
25 Minuten

Zwiebeln und **Knoblauch** schälen und in feine Würfel schneiden.

Die Zwiebeln im **Olivenöl** glasig dünsten, den Knoblauch kurz mitdünsten. Das **Tomatenmark** dazugeben und unter Rühren anrösten, bis es duftet. **Tomaten**, **Lorbeerblatt** und **Thymian** hinzufügen, aufkochen und bei schwacher Hitze ohne Deckel etwa 10 Minuten köcheln lassen, bis die Sauce eingedickt ist.

Inzwischen die **Nudeln** wie im Basicrezept (siehe S. 117) zubereiten.

Das Lorbeerblatt entfernen, die Sauce mit **Salz**, **Pfeffer**, **Cayennepfeffer** und 1 Prise **Zucker** abschmecken.

Die Sauce nach Belieben noch etwas stückig lassen oder mit dem Stabmixer fein pürieren. Mit den heißen Nudeln mischen.

Nach Geschmack mit frisch geriebenem **Parmesan** bestreuen.

Nudeln mit Sahne und Schinken

150 g gekochter Schinken
(dünn geschnitten)
40 g Parmesan (am Stück)
2 Eigelb
150 g Sahne
Salz
Pfeffer aus der Mühle
200 g Nudeln (z. B. Pappardelle)
20 g Butter

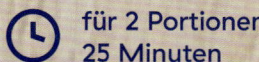 für 2 Portionen
25 Minuten

Reichlich Wasser zum Kochen bringen. Inzwischen den **Schinken** in Würfel schneiden. Den **Parmesan** reiben oder in feine Späne hobeln. Die **Eigelbe** mit der **Sahne** verrühren, mit **Salz** und **Pfeffer** würzen.

Die **Nudeln** nach Packungsanweisung in Salzwasser al dente kochen. In einer Pfanne die **Butter** zerlassen, den Schinken darin leicht kross anbraten.

Die Nudeln abgießen, abtropfen lassen und zu dem Schinken geben. Von der heißen Herdplatte ziehen und gut vermischen. Dann die Sahnemischung angießen und die Nudeln darin gründlich wenden. Den Parmesan darüberstreuen, nochmals pfeffern und sofort servieren.

Pestos — noch schneller geht's nicht

Pestos aus dem Glas, die man schon fertig kaufen kann, sind in der Küche praktisch. Aber wenn du selbst schon einmal ein frisches Pesto zubereitet hast, weißt du, dass geschmacklich große Unterschiede bestehen. Außerdem ist ein Pesto so schnell gemacht, dass es keine Ausreden mehr dafür gibt, ein Glas zu kaufen.

Pesto genovese

Unser Basicrezept ist gleichzeitig der Klassiker: Pesto genovese mit Basilikum und Pinienkernen. Besonders würzig wird es im Sommer, wenn man Basilikum als Bund kaufen kann. Ansonsten ist jederzeit Basilikum im Topf erhältlich. Getrocknetes Basilikum ist keine Option!

So einfach geht es:

Die Blättchen von **1 Bund Basilikum** oder **1 Topf Basilikum** abzupfen und abwiegen. Es sollten etwa 15 g sein. Die Blättchen waschen, trocken tupfen und grob hacken. **20 g Pinienkerne** in einer Pfanne ohne Fett goldgelb rösten und abkühlen lassen. **1 Knoblauchzehe** schälen und grob hacken. Alle Zutaten im Blitzhacker in wenigen kurzen Intervallen hacken, sodass eine feinstückige Paste entsteht, es sollte kein glattes Püree sein! Zuerst **2 EL Olivenöl** untermischen, dann **15 g frisch geriebenen Parmesan** unterheben. Mit **Salz** und **schwarzem Pfeffer** aus der Mühle würzen. Das Pesto ist jetzt noch relativ fest. Nach Belieben mehr Öl oder etwas Brühe dazugeben.

Das Pesto genovese und die anderen Pesto-Varianten passen natürlich am besten zu Pasta. Aber auch zu Gnocchi, Ravioli oder frischen Tortellini aus dem Kühlregal. Auch die Baked Potatoes (Basicrezept, siehe S. 95) freuen sich über Pesto und Parmesan.

übrigens

Du kannst von jedem Pesto auch immer etwas mehr zubereiten: Das übrige Pesto einfach in Schraubgläser füllen, mit einem Löffelrücken fest andrücken und gut mit Olivenöl bedecken, sodass das Pesto nicht mit Luft in Berührung kommt. Im Kühlschrank ist es dann etwa 2 Wochen haltbar.

Varianten

Petersilien–Walnuss–Pesto

Die Blätter von **1 Bund glatter Petersilie** (**15 g**) abzupfen, waschen, trocken tupfen und grob hacken. **20 g Walnusskerne** in einer Pfanne ohne Fett leicht rösten, dann abkühlen lassen und grob hacken. **1 Knoblauchzehe** schälen und hacken. Petersilie, Nüsse und Knoblauch im Blitzhacker kurz feinstückig hacken. **2 EL Walnussöl** untermischen, **15 g frisch geriebenen Parmesan** unterheben und mit etwas **Salz**, **schwarzem Pfeffer** aus der Mühle und **1 TL Zitronensaft** würzen.

Dieses kräftige Pesto passt besonders gut zu Vollkornpasta.

Tomaten–Mandel–Basilikum–Pesto

15 g Basilikumblätter waschen, trocken tupfen und grob hacken. **15 g Mandelblättchen** in einer Pfanne ohne Fett goldgelb rösten und abkühlen lassen. **1–2 Knoblauchzehen** schälen und hacken. **15 g getrocknete Tomaten** (in Öl eingelegt) trocken tupfen und fein hacken. Alle Zutaten im Blitzhacker in kurzen Intervallen feinstückig hacken. **2 EL Olivenöl** untermischen, dann **15 g frisch geriebenen Parmesan** unterheben. Mit **Salz**, **schwarzem Pfeffer** aus der Mühle und **1 TL Zitronensaft** abschmecken.

Dieses Pesto passt sehr gut zu Pasta mit Cocktailtomaten oder zu Gnocchi.

Möhren–Cashew–Pesto

1 kleine Möhre (**ca. 40 g**) putzen, schälen und in grobe Stücke schneiden. **10 g Petersilienblätter** waschen, trocken tupfen und grob hacken. **1 Knoblauchzehe** schälen und hacken. Möhre, Petersilie und Knoblauch mit **20 g Cashewkernen** (**geröstet und gesalzen**) im Blitzhacker in wenigen kurzen Intervallen feinstückig hacken. **2 EL Argan-** oder **mildes Olivenöl** untermischen, dann **15 g frisch geriebenen Parmesan** unterheben. Mit **Salz**, **Pfeffer** und **1 TL Limettensaft** abschmecken.

Dieses Pesto passt besonders gut zu Pasta mit Hähnchenbruststreifen.

Chili–Kürbiskern–Minze–Pesto

10 g Minzeblätter waschen, trocken tupfen und grob hacken. **20 g Kürbiskerne** in einer Pfanne ohne Fett rösten, bis sie sich etwas aufblähen. Kurz abkühlen lassen. **1 grüne Chilischote** längs halbieren, entkernen, waschen und grob hacken. **1 Knoblauchzehe** schälen und hacken. Alles im Blitzhacker in wenigen kurzen Intervallen feinstückig hacken. **2 EL Rapsöl** und **1 TL Kürbiskernöl** (falls vorhanden) untermischen, dann **15 g frisch geriebenen Parmesan** unterheben. Mit **Salz**, **schwarzem Pfeffer** aus der Mühle, 1 TL Zitronensaft und ½ **TL Bio-Zitronenschale** abschmecken.

Dieses Pesto schmeckt sehr gut zu Pasta mit gebratenen Garnelen.

Pfannen-
gerichte

schmecken gut als …

Mediterrane Zucchini-Frittata mit Oliven und Feta

300 g feste Zucchini
6–8 Zweige Thymian
20 g schwarze Oliven (entsteint)
20 g Pinienkerne
100 g Feta
4 Eier (Größe M)
50 ml Milch
Kräutersalz
grüner Pfeffer aus der Mühle
2 EL Olivenöl
30 g Parmesan (frisch gerieben)

für 2 Portionen
35 Minuten

Die **Zucchini** putzen, waschen und in knapp ½ cm dicke Scheiben hobeln. Den **Thymian** waschen und trocken schütteln. Die Blättchen abstreifen, eine Hälfte ganz lassen, den Rest hacken. Die **Oliven** nach Belieben in Scheiben schneiden. Die **Pinienkerne** in einer Pfanne ohne Fett goldgelb rösten, auf einem Teller abkühlen lassen. Den **Feta** fein zerkrümeln.

Die Eier mit der **Milch** verquirlen, Feta und gehackten Thymian untermischen, mit **Salz** und **Pfeffer** würzen.

1 ½ EL **Olivenöl** in einer Pfanne erhitzen, die Zucchini darin 3 bis 4 Minuten unter Rühren knapp gar braten. Herausnehmen, leicht salzen und pfeffern.

In einer Schüssel die Eier-Feta-Mischung mit den Zucchinischeiben mischen. Das restliche Öl in der Pfanne erhitzen, die Zucchini-Eier-Mischung hineingeben und zugedeckt bei schwacher Hitze 8 Minuten sanft stocken lassen. Mit dem **Parmesan** bestreuen und zugedeckt weitere 2 bis 3 Minuten stocken lassen, bis der Parmesan geschmolzen ist.

Die fertige Frittata mit Pinienkernen und Thymianblättchen bestreuen.

Gedünsteter Lachs auf Lauchgemüse

350 g Lachsfilet (ein dickes Mittelstück)
1–2 Stangen Lauch (davon nur das Weiße und Hellgrüne, ca. **400 g**)
1 Schalotte
2 TL Olivenöl
100 ml Gemüsebrühe
75 g Doppelrahm-Frischkäse
Salz
grüner Pfeffer aus der Mühle
Cayennepfeffer
1 TL Sesamöl
Salzflocken

 für 2 Portionen
30 Minuten

Den **Lachs** von Gräten befreien, das graue Fett wegschneiden. Den Fisch mit kaltem Wasser waschen, trocken tupfen und in 2 gleich große Stücke schneiden.

Den **Lauch** putzen, längs halbieren, sehr gründlich waschen und quer in 1 cm breite Stücke schneiden. Die **Schalotte** schälen und fein würfeln.

Die Schalotte im **Olivenöl** glasig dünsten, den Lauch dazugeben und unter Rühren 2 Minuten andünsten. Die **Brühe** angießen, aufkochen und zugedeckt etwa 5 Minuten köcheln las-

sen. Dann offen weitere 3 Minuten köcheln lassen, um die Flüssigkeit zu reduzieren. Den **Frischkäse** einrühren, so lange weiterköcheln, bis die gewünschte Konsistenz erreicht ist. Mit **Salz**, **Pfeffer** und **Cayennepfeffer** abschmecken.

Die Temperatur auf kleine Stufe herunterschalten, den Lachs auf das Gemüse legen, mit **Sesamöl** beträufeln und mit **Salzflocken** bestreuen. Den Lachs zugedeckt je nach Dicke 3 bis 5 Minuten garen, sodass er innen noch glasig ist.

Dazu passen Bandnudeln oder Spätzle aus dem Kühlregal, aber auch Reis.

Pilzpfanne
mit Frischkäse und Petersilie

400 g gemischte Pilze (z.B. Austernpilze, Champignons und Pfifferlinge)
1 Schalotte
1 Knoblauchzehe
4–5 Stiele glatte Petersilie
1½ EL Rapsöl (oder Olivenöl)
Salz
Pfeffer aus der Mühle
100 ml Gemüsebrühe
50 ml Noilly Prat (oder trockener Weißwein)
100 g Doppelrahm-Frischkäse
1 TL abgeriebene Bio-Zitronenschale
frisch geriebene Muskatnuss (nach Belieben)

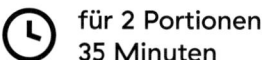 für 2 Portionen
35 Minuten

Die **Pilze** nicht waschen, sondern nur putzen, also schmutzige oder weiche Stellen mit dem Messer wegschneiden, und trocken abreiben. Anschließend in mundgerechte Stücke schneiden oder in ½ cm dicke Scheiben. Kleine Pilze halbieren oder ganz lassen. Von den Austernpilzen den zähen Stiel wegschneiden, die Kappen vom Rand her in Stücke reißen.

Schalotte und **Knoblauch** schälen und fein hacken. **Petersilie** waschen, trocken schütteln und Blätter hacken.

Eine große Pfanne erhitzen und die Pilze darin zunächst ohne Fett unter Rühren bei starker Hitze so lange anbraten, bis die ausgetretene Flüssigkeit wieder verdampft ist. (Dabei die festen Pilze zuerst in die Pfanne geben und z.B. Austernpilze 1 bis 2 Minuten später dazugeben.) Danach 1 EL **Öl** hinzufügen und die Pilze darin wenden. Mit **Salz** und **Pfeffer** würzen und etwa 5 Minuten fertig garen. Die Pilze herausnehmen und zugedeckt warm halten.

Schalotten und Knoblauch im restlichen Öl glasig dünsten. **Brühe** und **Noilly Prat** angießen und auf die Hälfte einkochen lassen. Den **Frischkäse** einrühren und cremig einkochen. Mit Salz, Pfeffer und **Zitronenschale** würzen. Nach Belieben mit **Muskatnuss** würzen. Dann die Pilze wieder dazugeben. Mit der Petersilie bestreuen.

Bratkartoffeln mit Kräuterquark

400 g junge, überwiegend fest-
kochende Kartoffeln
2 EL Olivenöl
Salz
1 Frühlingszwiebel
3 Stiele glatte Petersilie
3 Stiele Dill
200 g Speisequark (20%)
Pfeffer aus der Mühle
Delikatess-Paprikapulver
Chiliflocken

 für 2 Portionen
30 Minuten

Die **Kartoffeln** unter fließendem kaltem Wasser gründlich abbürsten, trocken tupfen und mit der Schale in 1 cm dicke Scheiben hobeln oder schneiden.

Das **Olivenöl** in einer großen beschichteten Pfanne (oder in zwei kleinen Pfannen) erhitzen, die Kartoffelscheiben nebeneinander hineingeben und bei mittlerer Hitze 8 Minuten braten. Nicht rühren, höchstens die Pfanne etwas rütteln. Danach erst die Kartoffeln wenden, mit **Salz** würzen und weitere 8 Minuten braten. Eine Garprobe machen und, falls nötig, die Kartoffeln nochmals wenden und 1 bis 2 Minuten auf jeder Seite weiterbraten.

Inzwischen die **Frühlingszwiebel** putzen und waschen, das Weiße hacken, das Grüne in schmale Röllchen schneiden. **Petersilie** und **Dill** waschen und trocken schütteln, die Blätter bzw. Spitzen abzupfen, fein hacken und mit der Frühlingszwiebel unter den **Quark** mischen. Mit Salz, **Pfeffer**, **Paprika** und **Chiliflocken** abschmecken.

Die Bratkartoffeln mit dem Kräuterquark anrichten.

für Küchenhelden

20 g grob gehackte **Pistazienkerne** unter den Quark mischen.

134

Hackfleischpfanne mit weißen Bohnen

100 g Zwiebeln
1 EL Rapsöl
250 g gemischtes Hackfleisch
Salz
Pfeffer aus der Mühle
1 Dose weiße Bohnen (400 g, **240 g** Abtropfgewicht)
40 g Doppelrahm-Frischkäse
2 TL Currypulver (mild oder scharf, je nach Geschmack)

für 2 Portionen
25 Minuten

Die **Zwiebeln** schälen und in feine Würfel schneiden.

1 TL **Öl** in einer Pfanne erhitzen. Das **Hackfleisch** zerteilen, dazugeben und unter Rühren 4 bis 5 Minuten kräftig anbraten, aber nicht komplett durchbraten. Herausnehmen, mit **Salz** und **Pfeffer** würzen.

Die Temperatur auf mittlere Hitze zurückschalten. Das restliche Öl in die Pfanne geben und die Zwiebeln darin etwa 5 Minuten glasig dünsten.

Das Fleisch zurück in die Pfanne geben und unterrühren. Die **Bohnen** samt Flüssigkeit hinzufügen und erhitzen. Den **Frischkäse** einrühren und die Hackfleischpfanne mit **Curry** abschmecken.

Variante

Kidneybohnen bringen noch etwas mehr Farbe und eine süßliche Note ins Spiel. Einfach die Hälfte der weißen Bohnen durch Kidneybohnen ersetzen.

Putengeschnetzeltes mit Gnocchi

100 g längliche Schalotten
150 g braune Champignons (möglichst kleine)
250 g Putenschnitzel
3–4 Stiele glatte Petersilie
20 g Butterschmalz (ersatzweise Rapsöl)
Salz
Pfeffer aus der Mühle
75 ml Gemüsebrühe
75 ml Milch
100 g Doppelrahm-Frischkäse
1 TL Dijon-Senf
1–2 Spritzer Zitronensaft
1 TL abgeriebene Bio-Zitronenschale
1 Päckchen Gnocchi für 2 Portionen (aus dem Kühlregal)

 für 2 Portionen
40 Minuten

für Küchenhelden

Etwas feiner wird die Sauce, wenn man je 50 ml Milch und Gemüsebrühe verwendet und zusätzlich noch 50 ml Weißwein.

Die **Schalotten** schälen und quer in knapp 1 cm dicke Ringe schneiden. Die **Champignons** trocken putzen (siehe S. 133, Rezept Pilzpfanne) und je nach Größe halbieren oder vierteln. Das **Fleisch** waschen, trocken tupfen und in dünne Streifen schneiden. Die **Petersilie** waschen, trocken schütteln, die Blätter abzupfen und hacken.

Die Hälfte des **Butterschmalzes** in einer Pfanne erhitzen, die Schalotten darin bei mittlerer Hitze glasig dünsten und herausnehmen. Das restliche Butterschmalz in die Pfanne geben, die Temperatur erhöhen und das Fleisch darin 3 bis 4 Minuten unter Rühren goldbraun anbraten. Herausnehmen und zugedeckt warm halten.

Die Pilze in die Pfanne geben und unter Rühren 3 bis 4 Minuten braten. Fleisch und Schalotten zurück in die Pfanne geben, alles mischen, mit **Salz** und **Pfeffer** würzen.

Gemüsebrühe und **Milch** angießen, den **Frischkäse** und den **Senf** einrühren. Köcheln lassen, bis die Sauce sämig ist. Mit **Zitronensaft** und **-schale** abschmecken. Die Petersilie darüberstreuen.

Die **Gnocchi** nach Packungsanweisung zubereiten, abgießen, ausdampfen lassen und dazu servieren oder untermischen.

Desserts

die schmecken immer ...

Cantuccini–Blaubeer–Trifle

70 g Cantuccini
2 EL Tawny Portwein (ersatzweise süßer Sherry)
70 g Blaubeeren
150 g griechischer Joghurt
50 g schwarzes Johannisbeergelee (siehe Tipp)
Salz
frisch geriebene Tonkabohne (ersatzweise gemahlene Bourbon-Vanille)
1 TL Kokosblütenzucker (oder feiner brauner Zucker)

für 2 Portionen
20 Minuten

Die **Cantuccini** grob hacken oder im Mörser zerstoßen. Die Hälfte davon auf zwei Gläser verteilen und mit je ½ EL **Portwein** beträufeln.

Die **Blaubeeren** waschen und trocken tupfen. 6 schöne Blaubeeren beiseitelegen. Den **Joghurt** mit dem **Gelee** verrühren, es dürfen noch kleine Teile vom Gelee sichtbar sein. Mit etwas **Salz** und **Tonkabohne** würzen. Die Tonkabohne dazu am besten auf einer Muskatreibe reiben und sparsam verwenden, da sie ein sehr intensives Aroma hat.

Die Hälfte der Blaubeeren auf die Cantuccini und darauf die Hälfte der Creme geben. Dann die restlichen Cantuccini darauf verteilen, mit dem übrigen Portwein beträufeln, die restlichen Blaubeeren und darauf wiederum die restliche Creme verteilen. Mit den beiseitegelegten Blaubeeren garnieren und dem **Kokosblütenzucker** bestreuen.

 Statt dem Johannisbeergelee kann auch Marmelade aus schwarzen Kirschen oder Brombeermarmelade verwendet werden.

Variante: Fein scmeckt das Trifle auch **mit Himbeeren** und Himbeermarmelade.

für Küchenhelden

1 EL Kakaobohnen-Nibs auf die Creme streuen oder unter die zerbröselten Cantuccini mischen.

Avocado-Schoko-Mousse mit Orangen

2 kleine Orangen
(davon 1 unbehandelt)
1 große reife Avocado
1 EL Agavendicksaft
1 EL dunkles Kakaopulver
1 EL Orangenlikör (nach
Belieben)
2 Msp. Vanillepulver
Salz

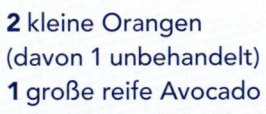

für 2 Portionen
20 Minuten

Die unbehandelte **Orange** heiß waschen und trocken reiben, die Schale fein abreiben, aus einer Hälfte den Saft auspressen, die andere Hälfte anderweitig verwenden. Die zweite Orange so schälen, dass auch das Weiße mit entfernt wird. Die Orange in Scheiben schneiden, die Kerne entfernen und die Orangenscheiben auf zwei Tellern anrichten.

Die **Avocado** halbieren und den Stein entfernen. Das Fruchtfleisch mit einem Löffel aus der Schale lösen, mit Orangensaft und **Agavendicksaft** mit dem Stabmixer fein pürieren. Das **Kakaopulver**, die Hälfte der Orangenschale und nach Belieben den **Orangenlikör** unterrühren. Mit **Vanille** und 1 kleinen Prise **Salz** würzen.

Die Mousse auf den Orangenscheiben anrichten. Mit der restlichen Orangenschale bestreuen. Nach Belieben mit 1 EL Kakaopulver bestäuben und mit Minzeblättchen garnieren.

Frozen Yoghurt mit Waldbeeren

200 g griechischer Joghurt
2–3 EL Agavendicksaft
Salz
300 g Tiefkühl-Waldbeerenmix
Puderzucker zum Bestäuben (nach
Belieben)

für 2 Portionen
10 Minuten

Den **Joghurt** mit **Agavendicksaft**
und 1 kleinen Prise **Salz** in einen Mixbecher geben. Die Hälfte der **Beeren**
dazugeben und mit dem Stabmixer
pürieren. Sobald sie fein püriert sind,
die restlichen Beeren dazugeben.
Jetzt nur noch kurz pürieren, sodass
noch einige Beerenstückchen vorhanden sind.

Sofort servieren. Nach Belieben mit
etwas Puderzucker bestäuben.

Schokoladenmousse mit Erdbeeren

100 g Vollmilch-Schokolade
70 g Doppelrahm-Frischkäse
75 g Sahne
1–2 Msp. Vanillepulver
Salz
150 g Erdbeeren

 für 2 Portionen
20 Minuten
+ 2 Stunden kühlen

In einem Topf etwas Wasser aufkochen. Eine runde Metallschüssel auf den Topf setzen. Die **Schokolade** hacken und in der Schüssel über dem heißen Wasserdampf schmelzen. Den **Frischkäse** hineinrühren.

Die **Sahne** steif schlagen und vorsichtig in die Schokoladenmischung rühren, bis sich alles gut verbunden hat. Mit **Vanillepulver** und 1 kleinen Prise **Salz** abschmecken.

Die Mousse in zwei Schälchen füllen und zugedeckt etwa 2 Stunden im Kühlschrank fest werden lassen.

Die **Erdbeeren** waschen, putzen, trocken tupfen und klein schneiden. Zum Servieren auf der Mousse verteilen.

Erdbeerpüree

Dafür die vorbereiteten Erdbeeren mit **20 g Zucker** und **1 Spritzer Zitronensaft** mischen und zugedeckt 30 Minuten ziehen lassen. Dann durch ein feines Sieb streichen oder mit dem Stabmixer fein pürieren. Das Erdbeerpüree über die fest gewordene Mousse gießen und mit je 1 Minzeblättchen garnieren.

Mascarpone-Schoko-Creme mit Himbeeren

75 g weiße Schokolade
200 g Mascarpone
200 g Magerquark
1–2 Msp. Vanillepulver
Salz
150 g Himbeeren
1 EL feiner Zucker

 für 2 Portionen
25 Minuten

In einem Topf etwas Wasser aufkochen. Eine runde Metallschüssel auf den Topf setzen. Die **Schokolade** hacken und in der Schüssel über dem heißen Wasserdampf schmelzen.

Mascarpone und **Quark** mit dem Schneebesen verrühren, nach und nach die geschmolzene Schokolade einrühren. Mit **Vanille** und 1 kleinen Prise **Salz** abschmecken.

2 **Himbeeren** beiseitelegen. Die restlichen Himbeeren und den **Zucker** in einen Mixbecher geben, mit dem Stabmixer fein pürieren. Das Püree anschließend durch ein Sieb streichen, um die Kerne zu entfernen.

Mascarpone-Schoko-Creme und Himbeerpüree abwechselnd in zwei Gläser füllen. Mit je 1 Himbeere dekorieren.

Orangen-Pistazien-Pesto

Zu dieser weißen Mousse passt statt der Himbeeren auch ein süßes Pesto sehr gut: Dafür **5 g Minzeblätter** waschen, trocken tupfen und grob hacken. **30 g grüne Pistazienkerne**, **10 g Orangeat** (in Würfeln), Minze und **1 EL Bio-Orangenschale** im Blitzhacker in kurzen Intervallen feinstückig hacken. Mit **10 g cremigem Honig** und **1 EL Orangensaft** vermischen. Dann **1 EL Pistazienöl** (ersatzweise mildes, gutes Olivenöl) untermischen.

Heiße Zimtäpfel mit Makronenbröseln und Crème fraîche

3 Äpfel (à **150 g**; z.B. Cox Orange)
30 g Butter
2 EL brauner Zucker
2 EL Whisky, Cognac oder Amaretto
(nach Belieben)
Salz
½ TL Zimtpulver
30 g kleine Makronen
(z.B. Kakao-Amarettini)
75 g Crème fraîche

 für 2 Portionen
25 Minuten

Die **Äpfel** schälen, vierteln und entkernen. Jedes Viertel nochmals halbieren, dann quer in Stücke schneiden.

Die **Butter** in einer Pfanne zerlassen, bis sie schäumt. Die Äpfel darin unter gelegentlichem Rühren bei mittlerer Hitze etwa 5 Minuten goldbraun braten.

Mit dem **Zucker** bestreuen und unter Rühren weiterbraten, bis der Zucker geschmolzen ist. Nach Belieben etwas **Alkohol** dazugeben und unterrühren. Mit 1 kleinen Prise **Salz** und dem **Zimt** abschmecken.

Die **Makronen** zerkrümeln. Dafür diese am besten in einen Plastikbeutel geben und mit einer kleinen Pfanne daraufschlagen. Die Äpfel in zwei Schälchen verteilen. Die **Crème fraîche** glatt rühren und als Klecks auf die heißen Äpfel setzen. Die Makronenbrösel darüberstreuen.

 Schneller geht es mit fertig gekauftem Apfelkompott: Einfach in die geschmolzene Butter einrühren und erhitzen.

Register

149

Impressum

© 2019 ZS Verlag GmbH
Kaiserstraße 14b
D-80801 München

ISBN 978-3-89883-880-1
1. Auflage 2019

Projektleitung: Eva-Maria Hege, Raffaela Niermann
Rezepte und Texte: Bettina Matthaei
Lektorat: Edelgard Prinz-Korte
Grafisches Konzept & Illustrationen: Sophia Stolz
Grafische Gestaltung & Satz: Irene Schulz
Fotografie: Jan-Peter Westermann
Fotoassistenz: Leonie Kantratowicz
Foodstyling: Pio
Herstellung: Frank Jansen, Aline Kettenberger
Producing: Jan Russok
Druck und Bindung: optimal media GmbH, Röbel

Kurze Wege schonen die Umwelt
Dieses Buch wurde in Deutschland gedruckt

Im Buch enthaltene Fotos können zur
eigenen Nutzung erworben werden unter
www.stockfood.com

Die ZS Verlag GmbH ist ein Unternehmen
der Edel AG, Hamburg. www.zsverlag.de
www.facebook.com/zsverlag

Bettina Matthaei

Bettina Matthaei ist Kochbuch-
autorin und Foodjournalistin. In ihren
teils preisgekrönten Büchern spielen
Gewürze immer eine besondere
Rolle und geben ihren Rezepten ihre
ganz persönliche Handschrift: Ihre
Rezepte sind dabei fast immer einfach in der Zubereitung und gleichzeitig durch raffiniertes Foodpairing
ganz besonders im Geschmack.

Für das Familienunternehmen, eine
Hamburger Gewürz-Manufaktur,
arbeitet sie als Produktentwicklerin.
Daneben veranstaltet sie
Gewürz-Workshops, u. a. an Bord
der MS Europa. Ihre zahlreichen
Reisen in die Gewürzländer der Welt
inspirieren sie zu immer neuen
Kreationen.

Danksagung

Ich danke meinen liebsten
Testessern: Christoph, Dani,
Tinki, Vinny, Nini, Ben, Knut
und ganz besonders Ansgar,
den ich mit diesem Buch zum
Kochen animieren möchte.

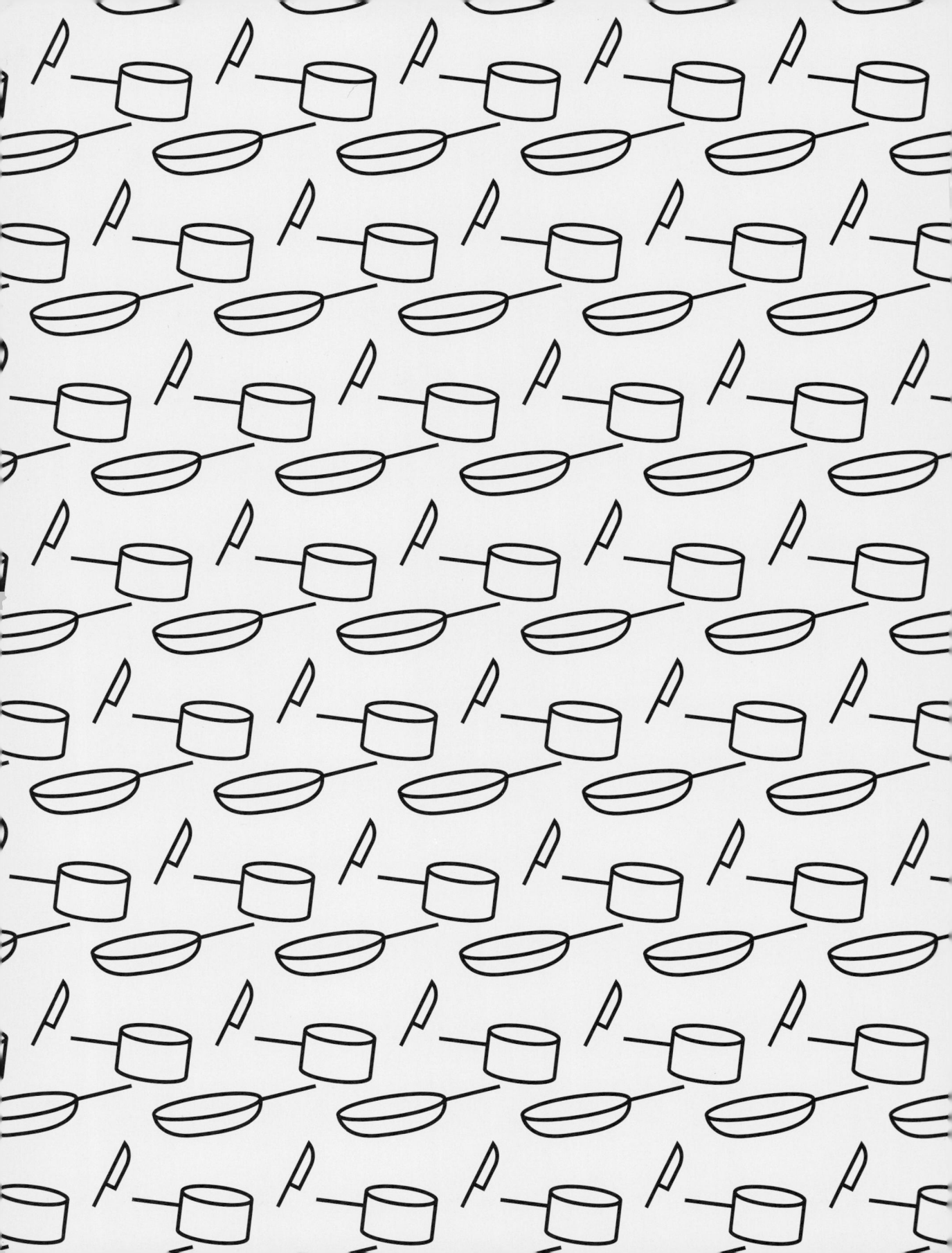